午前三時の化粧水

爪切男

集英社

目次

装丁　渋井史生
装画　山田参助

太っちょゴブリンと午前三時の化粧水

どこまでも晴れ渡った抜けるような青空の下、家から徒歩三分の公園のベンチに腰掛け、ペットボトルに半分ほど残ったコーラをグイッと飲み干し、小さなゲップをひとつ、ふたつ、みっつ。

私は今、生きている。

四十二歳、男性、独身。己の書いた文章で日銭を稼いでいるので〝作家〟を名乗っても許されるはず。類まれな文才があるわけでもなく、運と巡り合わせだけでなんとかやってきた。思ったように作品が書けずに気を病むなんて繊細さは持ち合わせておらず、どんなにイヤな目にあっても腐ることなく文章を書き続ける図太さだけが持ち味だ。考えようによっては天職に就いたと言えなくもない。

自分が住む街の書店にデビュー作が並んでいるのを目にしたときは、思わず目頭を熱くしたものだが、今となってはそれもはるか昔の記憶。今、原稿を書き上げた後に残るのは感動や達成感ではない。無事に締切を守れたという安堵だけだ。まあ、いつまで続けられるかはわからぬが、必要とされるうちはその期待に必死で応えたいと思っている。

今日も徹夜で原稿を書き上げ、平日の真っ昼間から大好きなコーラで一人祝杯を上げている次第だ。

もう一度言おう。私は今、生きている。

「わ〜！　きゃ〜！　うぉ〜！」

学校帰りのやかましい小学生の群れが、遊歩道を駆け抜けていく。私の住むアパートの目の前が小学校ということもあり、天真爛漫でいたいけな子供たちの姿をよく見かける。独り身のおじさんの寂しい心を癒やすセラピー代わりとして役立っている。

「子供たちよ、よく遊び、よく学べ」

心の中で無責任なエールを送っていると、私から一定の距離を保ったところで、先程の小学生たちがこちらを指差し、口々に何かを言っている。耳を澄まして聴いてみよう。

「太っちょゴブリン、今日もいたね」

「コーラ飲まないと死んじゃうのかな、いつも飲んでるよね」

「ああいう大人にだけはなっちゃダメだよね」

ゆっくりと目を閉じ、もう一度耳を澄ませてみる。何度聴いても、子供たちは私のことを〝ゴブリン〟と呼んでいる。ゴブリンってアレだよな。『ハリー・ポッター』シリーズや『ロード・オブ・ザ・リング』のようなファンタジー映画に出てくるアレのことだよな。デブではなく太っちょというところに少し可愛げがあってまだ救いがあるな……なんて無理やり前向きに考えてみても空しいだけだった。

「ヴァァァップ！」

ゴブリンの鳴き声のような大きなゲップをかまし、涙がこぼれそうになるのを誤魔化す。

ああ、私は今、泣きそうです。

帰宅後、風呂場の鏡で己の姿をマジマジと観察する。鏡なんてもう何ヶ月もまともに見ていなかった。まずなんといっても顔色が悪い。不摂生と飲み過ぎにより、肌は鮮やかな土色に。真っ赤に充血した瞳、ダルンとした目の下のクマ、顔のむくみ、乾燥してカピカピになった唇などなど、見るに堪えない無残な有様だ。身長一六八センチ、体重一二五キロの肥満体とこの醜悪な容姿が合わされば、見事な〝ゴブリン〟の出来上がりだ。子供たちは嘘を言っていなかった。しかし、デブやアホといった直球のフレーズを使わずにゴブリンとは、ガキンチョにしてはなかなか悪口のセンスがあるじゃないか。その豊かな感性をどうか別の方向に使ってくれないものか。

なぜ私はゴブリンになってしまったのか。まあ、思い当たる節は山ほどある。昼夜逆転の不規則な生活リズム。コンビニめしを中心としたドカ食いの日々。外食をすればラーメン、カレー、とんかつを必ず大盛りで、といった高カロリー至上主義を貫いている。運動らしい運動は何もせず、ひたすら部屋にひきこもって執筆を続ける生活だ。

さらに始末の悪いことに、己の不摂生を自覚していながらも、中島らもや西村賢太といった無頼派作家への憧れから、この容姿こそが自分に適したものなのだ、もっと言うなら、これが私に合った〝かっこよさ〟だと思い込んでいたこともモンスター化に拍車をかけた。作家としての実力はもとより、人としても己の身の丈に合わない生活を続けてきた結果、いつのまにか私はゴブリンになっていた。

とてもじゃないが今夜は原稿と向き合える気がしない。私は丑三つ時の街へと自転車をこぎ出す。何も考えたくない、ここではないどこかに行きたい。だが、己の体重を支え切れずにフラフラするわ、ペダルをひと漕ぎするたびにブルドッグのような荒い鼻息を立ててしまうわで、そんなに遠くまでは行けそうにもない。

特に買うものもないが、通りかかったドン・キホーテにふらりと立ち寄る。これでもかと商品をねじ込んだご自慢の圧縮陳列と、目に優しくないド派手な配色のPOPを見ていると、沈んでいた気持ちが幾分マシになってくる。下世話なものにしか癒やせない心の痛手ってあるんだな。深夜のドンキに出没する人々は、この〝癒やし〟を求めてここに集まって来るのかもしれない。

あてどなく店内を徘徊していると、ひと際眩しい光を放つ売り場が目に入ってきた。化粧品コーナーだ。街灯の光に吸い寄せられる虫のように、自分とは無縁だった未開の地へと歩を進める。深夜ということもあって他のお客さんの姿はない。

化粧品か……、高校生のころ、ヴィジュアル系バンドにハマり、家にあった化粧品を拝借し、見様見真似のメイクをして学校に行ったなぁ。大好きだったソフトバレエの森岡賢に倣ったつもりが、顔を白く塗り過ぎてしまい、志村けんのバカ殿様にしか見えなかった黒歴史。

昔、同棲していた彼女との生活もぼんやりと思い出す。大の風呂嫌いで二日に一度しか風呂に入らなかったズボラなあいつも、朝晩の化粧水だけは毎日欠かさずにいた。身体は臭くても肌だけはいつもスベスベしていたもんな。うん、本当にイイ女だった。

化粧水なんてちょっといい匂いがする水ぐらいにしか思っていなかったけど、チャッチャッと振りかけるぐらいなら、面倒臭がりの私にもできるかもしれない。

よし、化粧水を買ってみよう。と決意するも、その商品数の多さに閉口してしまう。「オイリー肌の人にはコレ！」とか「肌にいい○○○を○%配合！」と書かれていても、どの化粧水が自分に合っているのか皆目見当もつかない。ちょっと背伸びをして、生まれて初めて入った純喫茶で、アメリカンやウインナコーヒーの違いがわからずに困ってしまうあの感じである。

ふと視界に飛び込んできた「イソフラボン」という見慣れた言葉。これなら聞いたことがある。確か大豆に多く含まれている成分のはず……、うん、これに決めた。大の豆腐好きである私に相応しい逸品だ。挙動不審な様子で「豆乳イソフラボン化粧水」を購入。「ＴＥＮＧＡ」やエロ本を買うときよりも恥ずかしくて胸がドキドキした。のどが渇いたデブが飲み物と間違って買っていると思われないか心配だった。

何年振りかわからぬ自転車の立ち漕ぎで帰りを急ぐ。誰もいない深夜の交差点で、聖火ランナーのように化粧水を空に掲げる。ＹＥＡＨ！　これが私の化粧水だ！

帰宅すると、時刻は午前三時を回っていた。すぐにお風呂場にドボン、いつもより入念に顔を洗う。「洗顔後に適量を手やコットンに付けて……お肌になじませてください」との説明書きがあるが、我が家にはコットンの類もなけりゃ適量もわからない。掌からこぼれ落ちそうな大量の化粧水を「もったいない、もったいない」と乱暴に顔にたたきつける。風呂上りの火照《ほて》った肌には、ちょうどいい冷やっこさで気持ち良い。染みこめ〜染みこめ〜。誰にでもできる簡単なことなのに、お肌にいいことをしたという充実感で心が満たされる。まあ、おまじないみたいなもんですかねと、寝際に一杯のコーラを飲んでグースカと眠りにつく。

翌日、目覚まし代わりのコーラを片手に、いつものように公園で日向ぼっこに勤しむ私に、昨日の小学生たちが、また遠目から「ゴブリンゴブリン……」とはやし立ててくる。

そんなことより聞いてくれ、子供たちよ。私は今猛烈に感動している。ちょっと化粧水をつけただけなのに、今日の起き抜けの肌がモチモチでプルンプルンしていたんだよ。こんなの初めて……。化粧水って魔法の薬かなんかですか？　化粧水さえあれば、もしかしたら私は、ちょっとだけマシでイケてるゴブリン、イケゴブになれるかもしれないのか？

興味本位で手に取った午前三時の化粧水により、やんわりと美容に目覚めた一人のおじさん。その人生がちょっとだけ良い方向に変わっていく。そんな奇跡のような日々をここに綴る。

たかが洗顔 されど洗顔

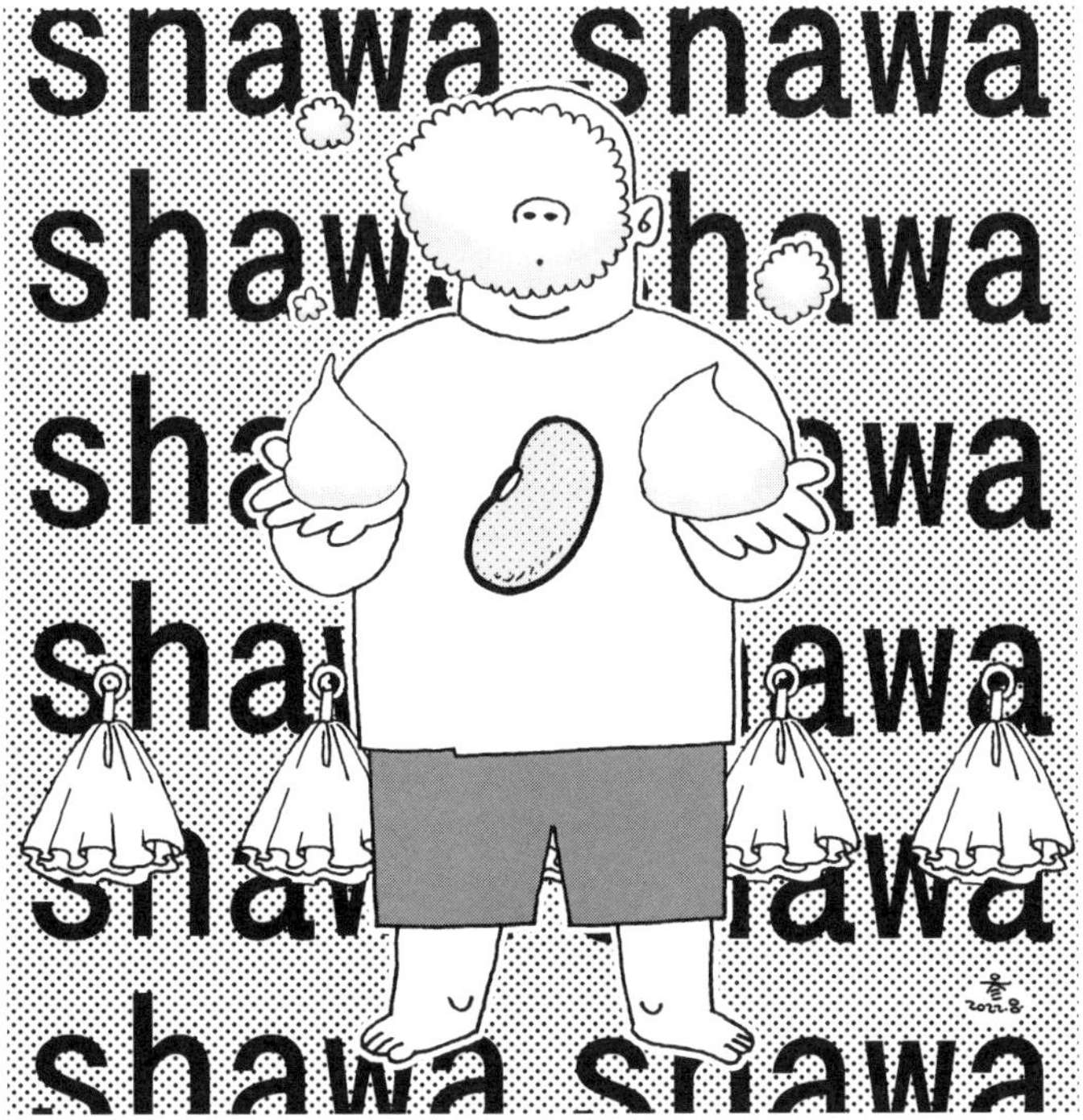

「あれ？　あんたさぁ、なんか肌……やけにツヤツヤしとらん？」

午前一時のガールズバー。カウンター越しに立つ女が、私の顔を見るなり、開口一番そう言い放つ。私がこの店に通い始めたころからの付き合いになるので、もうかれこれ四年来の腐れ縁である。今まで付き合った男がすべて九州出身の男という運命の悪戯で、九州弁が体に染みついて取れなくなってしまった東京生まれ東京育ちの自称三十二歳、それがこの子だ。

かくいう私も、長崎の大学に進学したり、初めての彼女も九州出身の子だったりと、何かと九州とは縁のある人生を歩んできた。そういう共通点もあって、私たちはすぐに意気投合した。仲良くしているといってもあくまでお店での付き合いしかないのだけれど。

「え？　ほんとに？　とくにいつもと変わんないよ？」

平静を装いつつ、やっぱりわかっちゃいますかぁと思わず頬が緩んでしまう。

「何をニヤニヤしとるの……、気持ち悪かねぇ……」

個人的な話になるがガールズバーはいい。キャバクラより私の好みに合っている。美しいドレスを着たキャバクラ嬢が口にする歯の浮いたお世辞より、B'zの稲葉浩志のようなホットパンツを履いた女の子の少し失礼な物言いのほうが私には心地いい。

「実はさ、二、三日前から……化粧水つけ始めたんだよね」

近所の小学生に「ゴブリン」と呼ばれていること。それをきっかけに自分の容姿に絶望したこと。そこから一念発起し、化粧水を買ってみたことを意気揚々と語る私を彼女が遮る。

「化粧水つけ始めたぐらいでなんでそんなに偉そうにできるの？」

至極真っ当なツッコミである。それはそれとしてまあ驚いた。相も変わらずの昼夜逆転生活を送りながらも、就寝前の化粧水だけは欠かさぬように心がけている。たったそれだけのことしかしていないのに、一週間ぶりに会ったガールズバーの女の子が気づくぐらい、私の肌は変化しているのか。うん、化粧水ってやっぱりすごいんだな。両頬に手を当てニンマリする私。

「なにぶりっ子かましてんの、ああ、気持ち悪かおじさんだねぇ……、しかしまあ、あんたが化粧水ねぇ……ようやくそういうことに興味を持ってくれたのはすごくいいことだね。今のまんまでイケてるって勘違いしてるおじさん、ほんと多いからねぇ」

そうなのか、おじさんってそういうもんなのか。自分ではよくわからない。ただ、一本の化粧水をきっかけに私の中に、微熱ぐらいのほのかに熱い想いが生まれたのは確かなのだ。

そう、私はいい感じのおじさんになりたい。

不意に青春時代の光景がフラッシュバックする。

ひどいニキビに悩まされた中学時代。顔はダメでも運動神経は良かったので、クラスで最初にバク転が出来るようになったのに、ニキビ面の自分がそんなことをしても「妖怪ニキビ車」や「ニキビ大回転」といった変なあだ名をつけられそうで、ずっと黙っていたこと。

ヴィジュアル系バンドにハマり、下手糞なメイクをして学校に通った高校時代。おばちゃん数学教師に「このクラスには男のくせに化粧をしとるアホがおる。そんな気持ち悪い奴がおるクラスでは私は何も教えとうない！」と授業をボイコットされ、クラスメイトから非難囂々《ひなんごうごう》で、トイレで泣きながら化粧を落としたあの日のこと。

もう若くもないし、格好良くなりたいとか美しくなりたいとかそんな高望みはしない。でも、もうちょっとだけマシにはなるんじゃないか。そう、私は久しぶりに自分に期待している。

「あのさぁ、化粧水以外にもいろいろやってみたいんだよね。でも何から始めたらいいかわからないんだ」

「……ほんとおじさんはいいよねぇ、今まで何もしてきてないから、ちょっと頑張っただけですぐに結果が出てやる気出してんのね」

何も言い返すことができない。

「美容を志すなら外見も大事だけど内面も変わらんとよ？　できる？」

「うう……はい、よろしくお願いします。ナマ言ってすみませんでした」

「他人の意見にはちゃんと耳を傾けること！　まわりが何も言わないからってちゃんとできてるって過信しないこと！　何も言わないってことは言っても仕方ないって呆れられてることも多いからね」

そんなことつゆほども思ったことがなかった。太ってることや多少だらしない見た目こそ自分の魅力だとばかり信じていた。過去の情けない恋愛体験やらを赤裸々に面白おかしく綴る私の作風とも合致しているし、ファンの皆様も喜ぶんじゃないかとばかり思っていたが、意外とそうでもないらしい。そういう見られ方をすることで楽なほうに楽なほうに行こうとしていた甘えん坊の自分を恥じねば。見た目だけじゃない、中身ももう少しだけいい男になりたい。

「美容の基本は洗顔からよ、きっとあんたは洗顔料をいっぱい使って、それでゴシゴシ乱暴に洗うのがいいと思ってるやろ？　それだと逆にお肌に悪いのよ」

そうか、やはり私は基本からしてなっていなかったのか。ハンドクリームでも塗り薬でもなんでも、使えば使っただけ効果があると思っていた。

「洗顔料はちゃんと泡立てないとダメ。ゴシゴシ洗うよりも細かい泡を顔に押し当てるだけで汚れは取れるのよ。はい、そのために必要なのは～洗・顔・ネ・ッ・ト～！」

ひみつ道具を出すときのドラえもんのように彼女が教えてくれた洗顔ネットを帰り道のドンキで購入する。値段はそれほど高くない。こんなきんちゃく袋のような小さなネットが本当に役に立つというのか。


帰宅してすぐに洗面所へと駆け込む。ああ、早く顔が洗いたくて仕方がない。

ネットの上に洗顔料を垂らし、ゆっくりと揉みしだく。するとすぐにモコモコの泡が生み出された。うわあ、まるで魔法みたいだ。こんな道具がこの世にはあったんだな。

「いい？　泡は当てるだけ。あんたみたいなアホは声に出したほうがいいかもね。そのほうがイメージしやすいと思う。いい？　プッシュ……プッシュね」

「プッシュ……プッシュ」

「プッシュ……プッシュ」

「プッシュ……プッシュ」

ガールズバーのお気に入りの女の子が教えてくれた呪文を呟きながら、きめ細かな泡を顔に優しく押し当てる。顔なんてただ洗えばいいと思っていた。強くこすればこするだけ汚れも取れると思っていた。洗顔ってそんな単純なもんじゃないんだな。細かい泡を押し当てて毛穴の汚れを優しくふき取るイメージ。今まで乱暴に洗ってきてごめんよ、私のお肌。そして、少し口の悪いガールズバーの女のことを思う。こんな小汚いおじさんに優しくしてくれてありがとう。客だから仕方ないとしても嫌な顔ひとつせず、いつも一緒にお酒を飲んでくれてありがとう。一緒にカラオケを歌ってくれてありがとう。真っ白な泡が肌の汚れと一緒に私の涙も洗い流していく。

常日頃、十五秒ぐらいで済ませていた洗顔を、時間をかけて丁寧に丁寧に執り行う。泡を押し当てながら、自分の顔の状態をしっかりと確かめる。頬のたるみ、目のまわりの皺、大きな団子鼻、異様に脂っこい眉間のあたり、隆起したホクロ、若干後退した感のある生え際。ゆっくり顔を触るだけで、自分の顔について気づけることが山ほどある。そうか、洗顔って「自分自身を知ること」でもあるんだな。

たかが洗顔、されど洗顔。

ちょっと化粧水をつけ始めたぐらいで、私は調子に乗っていた。これまで自分を大切にしてこなかった後悔の念が一気に押し寄せる。私の人生、私のこの容姿、まだやり直せるんだろうか。不安と期待に押しつぶされそうになりながら、私は泡立てネットで真っ白な泡を作ることしかできなかった。

パンダの涙と化粧水

「人と同じようにパンダも泣く」ということを知ったのは、中学二年生のときだった。

年中しもやけのように真っ赤っ赤の肌に加え、顔だけではなく首回りから背中にかけての広い範囲をフジツボのようなゴツいニキビが覆い尽くしていた私。

汚《けが》れた容姿と坊主頭が合わさり、クラスメイトからつけられたあだ名は〝ニキビ地蔵〟。「みんなの分のニキビを背負ってくれてありがとう」と手を合わせてくる奴までいた。近所の小学生といい、子供のネーミングセンスってのは、いつの時代も鋭利かつ残酷である。

「もし、この世が白黒の世界になったら、ニキビのことで悩まなくてすむのかな」と友達に相談したら、「白黒の世界になったら、ニキビがホクロみたいに見えるから意味ないよ。ニキビ地蔵がホクロ地蔵になるだけじゃない？」と身もふたもないことを言われた。

家族も友達もあてにならない。己の力でなんとかせねば、私に明るい未来はやってこないぞと、こまめな洗顔、食生活の改善、「クレアラシル」、「チョコラＢＢ」、万病に効くと言われるアロエを塗りたくり、皮膚科にも足繁く通った。十四歳の少年にやれることはおよそやったのではないかと胸を張って言える。

それでもいっこうに好転せぬ現状に疲れ果てた私は、漫画雑誌に載っている怪しい通販商品に手を出してしまった。ブルワーカーなどの人気の筋トレグッズにまじって「中国・福建省に住む野性のパンダが流す涙で作った化粧水は、あなたのどんな肌の悩みも解決します！　かの楊貴妃も愛用したという逸品をお手軽価格の８８８８円でご提供！　現地直送で貴方のもとへ！」

細かい部分は違っているかもしれないが、確かそんな謳い文句だったと記憶している。

中学生のなけなしの小遣いをはたいて購入した〝パンダの涙の化粧水〟は、中国からではなく三重県から速達で届いた。

見た目はいたって普通、手のひらに数滴垂らし、くんかくんかと匂いをかいでから、ぺろりと一舐め。あれ、パンダの涙ってしょっぱくないんだな。加工してあるから当然か。

毎朝毎晩、洗顔後にパンダの涙の化粧水を顔に叩きつける。一週間が過ぎ、一ヶ月が経てども、私の肌にはなんの変化もみられない。それどころか、症状が悪化している気さえする。まさか、パンダの呪いか。

窓から差し込む月の光に照らされ、窓際に置いた化粧水が青白い光を放つ。

化粧水一本あたりにパンダの涙がどれぐらいの割合で入っているのかはわからない。だが、これを作るためにパンダを泣かせ続けている人間がこの世に存在し、今、このときもパンダは泣いているのだ。なんて救いのない世界なんだ。美しくなるためなら、人はどれだけパンダを泣かせてもいいのか。

「そんなの……嫌だ……」

私はほろほろと涙をこぼした。

一生ニキビが治らなくてもかまわない。これ以上パンダを泣かせてはいけない。パンダの分まで私が泣けばいいだけだ。

その日から、あらゆる治療法を放棄し、あるがままの自分を受け入れることにした。ニキビは確かにつらい。だけど、ニキビは病気ではない、ニキビでは人は死なない。余計なことは一切考えず、もしゃもしゃと笹の葉を食べて、日がなダラダラしているパンダのようにのんべんだらりと生きていこう。

諦めにも似た前向きさが功を奏したのか、高校生になるころには、あれだけひどかったニキビが嘘のように影もかたちもなくなった。変にいじらず、流れに身を任せる自然療法が私には一番効果的だったのかもしれない。

時は流れ、私は四十過ぎの立派なおじさんになった。もう自然療法では手の施しようがない確かな肌の衰え、シミ、ソバカスにエトセトラ……エトセトラ……。ゴブリンと揶揄されてしまうほどの容姿と老化と闘うため、私は再び化粧水を手に取った。「パンダの涙」以来、約三十年振りの化粧水である。

そんな過去を思い出したら、無性にパンダに会いたくなった。向こうからしたら「知らんがな」のひとことで済む話だが、こんなにパンダに会いたくて仕方がないのは生まれて初めての一大事なのである。今すぐパンダに会いに行かなくちゃ。

日曜日ということでただでさえごった返している園内、人気者のパンダに関しては観覧を求める人で長蛇の列ができている。少し時間を潰してから列に並ぼうかと他の動物を見て回る。被害妄想でしかないが、サイもトラもクマもゴリラも私が近づいたときだけ苛立ちを見せている気がする。全く動かないことで有名なハシビロコウですら今にも襲い掛からんばかりの覇気が感じられる。人間だけでなく動物たちにもゴブリンは嫌われるのだろうか。

そんなこんなでようやくパンダとご対面、笹の葉をモグモグするジャイアントパンダ。ああ、残酷なほどに可愛い。四十を過ぎてようやく可愛いものを素直に可愛いと認められるようになった。本当にパンダは可愛いよな。そして私は醜いゴブリン。スポーツでもなんでもそうだ。本物を前にすると、自分みたいなもんがどれだけ頑張っても無意味なんじゃないかと意気消沈してしまう。美容と健康にはあれやこれやと手間とカネはかかるし、おじさんが美容を続けることなんて土台ナンセンスな話なのかもしれない。

いや、待てよ。敬愛するロックミュージシャンの甲本ヒロトが雑誌のインタビューで言っていた。「これなら俺でもできるなってことだけ続けることが格好良いんだよ。なんでもかんでもやろうって無理をするのは実は一番格好悪いんだよ」

「メェエエエ〜〜」

突然気の抜けた鳴き声を上げるパンダ。

……。

……。

わかったよ、やれるだけやってみるよ。

かつてパンダの涙で作った化粧水を愛用していた男が、パンダの前で誓う。

どうせなら目標は高い方がいい。

私はパンダぐらい可愛くなってやる。

そう、私のライバルはパンダです。

さよなら
炭酸飲料

朝晩の洗顔後に化粧水をつけるだけでもいい。だが、それだけでは心もとないというか、他にも何かできることがあるんじゃないかと思った私は「美容と健康は身体の内側から」という定説に従い、食生活の改善に着手した。ひとくちに改善といっても何かしらの指針は欲しい。そこで俗に言う「レコーディングダイエット」に挑戦してみることにした。

レコーディングダイエットとは、日々の「食事の内容」と「体重」を記録するダイエット方法だ。記録を見直すことで、自分が無意識のうちに犯している食生活の過ちに気づくことができる。本業の書き仕事は思い通りに進まなくても、レコーディングダイエットで「何かを成し遂げた達成感」を感じられるので精神衛生上にも良い。

二週間ほどレコーディングダイエットを続けてみた結果、わかったことは以下の通り。

1：深刻な野菜不足というより野菜を全く食べていない
2：炭酸飲料の飲み過ぎ（一日に三～五リットルの過剰摂取）
3：間食が多過ぎる（一日に三回ぐらい）
4：体重は一二〇～一三〇キロの間を行ったり来たり

ある程度自覚はしていたものの、文字になって現れると、その衝撃たるや筆舌につくしがたいものがある。体重に関してはこのままいくと大人のオスゴリラと同じ体重になってしまう。家から徒歩三分のコンビニに足を運ぶだけで、汗はダクダク、膝はガクガク。その鼻息の荒さゆえ、友人には「お前と一緒に歩いているとブルドッグと散歩しているみたいだ」と言われる始末である。野菜不足と間食の多さに関しても改善が必要だが、とにかく炭酸飲料を飲み過ぎだ。あのシュワシュワと良好な関係を再構築せねば、私に明るい未来など訪れない。

でも私……炭酸飲料が本当に大好きなんです。


炭酸飲料との出会いは小学三年生のとき。庭の草抜きを頑張ったご褒美にと、親父が買ってくれた「オロナミンC」が、シュワシュワとの初遭遇だった。

舌の先から喉の奥まで一気に痺れる〝瞬間スパーク〟な炭酸初体験。

「なにかヤバいものを飲まされた！」

常日頃、厳格な親父から過剰なスパルタ教育を受けていた私は、生まれて初めての炭酸飲料を口にしたとき、そう確信した。

期待に応えられぬグズでノロマな私へのお仕置きか？　口の中に残るオロナミンCを慌てて地面に吐き出す。まがまがしいほどに真っ黄色な原色の液体、見た目はまずちょっとグロテスクだ。

「そのシュワシュワが癖になるんやぞ。ほら、吐き出さんともっぺん飲んでみろ」

もはやこれまで。是非もなし。親父が差し出すオロナミンCを、私はグイッと飲み干すしか術はなかった。

するとどうだろう。先ほどと違って、なんという心地の良さか。母親がいないこと、家が貧乏なこと、学校でちょっとだけいじめられていること、そんな嫌なことすべてを、炭酸のシュワシュワは一瞬だけ忘れさせてくれた。炭酸飲料はまさに、おとぎの世界の飲み物であった。

それからの私の人生は、常に炭酸飲料と共にあった。大学受験に失敗したときも、心から愛した女をロン毛のクラブＤＪに寝取られたときも、交通事故に巻き込まれて死にかけたときも、消費者金融で多額の借金をして未来に絶望していたときも、いつだって私は炭酸飲料のシュワシュワで嫌なことを誤魔化しては、数ある苦難を乗り越えてきた。

恋人、相棒、戦友といってても差支えのない唯一無二の存在。三十年以上も苦楽を共にしてきた炭酸飲料とお別れをしないといけない。こいつは何も悪くないのに。ただ、私が愛し方を間違えてしまっただけなのに。

決して炭酸飲料は「悪」ではない。

百歩譲ってそうだとしても、長くつらい人生を生き抜いていくためには、多少の毒も必要だ。一本の炭酸飲料で救われる人生だってあるんだよ。私が炭酸飲料に何度も命を救われてきた事実だけは誰にも否定させやしない。ああ、これはまだ長い旅の途中。健康な体を取り戻し、再び炭酸飲料を美味しく飲めるその日のために、今だけは炭酸飲料にさよならを。

でも……ダメだ。何か嫌なことがあるたび、いつものように炭酸飲料に手が伸びる。このままではいけない。失恋の痛手は新しい恋でしか癒やせないのだ。何か別の飲み物と熱く燃えるような恋をしなければ。今まで口にしたことのない未知の飲み物を開拓してみようと思い立った私は、ちょっと怪しい漢方のお茶からサソリのエキスが配合されたエナジードリンクなど多種多様な飲み物をいくつも口にしたが、これといってピンとくるものはない。やはり運命の出会いなんてそうそうあるもんじゃない。

そう諦めかけていたある日のこと。最近仲良くなった女性の友人から「これ飲んでみて、ちょっと良い麦茶なの。あなた麦茶大好きでしょ」と差し出された一杯のお茶。そう、子供のころから私は麦茶っ子だった。麦茶に砂糖を混ぜた甘い麦茶が何よりのご馳走だった。うん、確かにそうだ。もう一度麦茶との恋を始めてみるのも妙案だ。

「ん？」

彼女が差し出してくれた麦茶を飲んでみたが違和感がある。これ……本当に麦茶か？　麦茶ほど渋くはなく、麦茶よりまろやかで優しい甘み、私の知っている麦茶とはちょっと違う。

「ねぇ、これ……本当に麦茶？　紅茶とかじゃないよね。俺、紅茶苦手だからさ」

「麦茶だよ。あ、でもちょっと高級な麦茶だからそう思うんじゃない？　美味しくない？」

「……いや、すんごい俺の好み。今まで飲んできたお茶の中で一番美味いかも！　こんなに美味い麦茶がこの世にはあったんだね」

このとき私は……彼女に騙されていたのです。

この飲み物が「麦茶」ではなく「ルイボスティー」という南アフリカのお茶だと知らされるのは、もう少しあとのお話である。「ルイボスティー」なんて横文字でいけすかない名前のお茶と、人生を変えるぐらいの大恋愛が始まるなんて、夢にも思っていなかった。

さよなら炭酸飲料、こんにちはルイボスティー。

ルイボスティー・イン・マイマイン

「ごめんね、それってルイボスティーっていう南アフリカのお茶なんだ」

私にこのお茶を紹介した女友達はそう言って深々と頭をさげた。

え、これって高級麦茶じゃないの。このお茶に出会ってからもう三ヶ月、今さらそんなこと言われても困る。だって私はもうこいつなしでは生きていけない体になってしまったのだ。

「外国のお茶だなんて言ったら、そんな洒落たもん飲めるかって絶対飲まなかったでしょ」

図星です。元々、紅茶は苦手だし、ファンから無頼派のイメージを持たれがちな爪切男という作家にはそういう飲み物は合わない気がするからだ。食べ物だけでなく好きな音楽や身を包むファッションもパブリックイメージに意識的に合わせてきた。オアシスとブラーなら断然ブラーのほうが好きなのに、カラオケで歌うのはオアシスばかり。趣味丸出しの派手なプロレスTシャツに身を包み、雨の日も風の日も一年中サンダル履き。そんな私がルイボスティーなんて飲み物を口にしてはいけない。富裕層やおしゃれピープルたちが午後の紅茶をすすっているときに、歯を食いしばって働いている人たちこそがこの国の屋台骨を支えているのだ。午後の紅茶よりも午後に麦茶を飲む大人でいたい。誰に頼まれたわけでもなく勝手にそう誓ったはずなのに、もうルイボスティーの無い人生は考えられない。

まさに〝NO　LIFE，NO　ルイボスティー〟

南アフリカの大衆的な飲み物であるルイボスティー。紅茶と烏龍茶が混ざったような赤褐色の色合い、ほのかな酸味とスッキリとした後味に心底ハマった。カフェインが入っていないので美容と健康にも効果があるそうで、近年、日本でも人気が高まっていると聞く。南アフリカの先住民の間では「不老長寿のお茶」とも呼ばれているらしい。そういう胡散臭いところも含めて大好きだ。もっとルイボスティーのことを知りたい。これはもはや恋だ。

そういえば行きつけの喫茶店のメニューにルイボスティーがあった気がする。いや、最初から冒険はしまい。まずは手近なところから慣れ親しんでいくことが大切だ。というわけで、セブン-イレブンなどのコンビニで買えるペットボトルを常飲することに決めた。これまで目にも留めなかったお茶の棚に陳列されているルイボスティーを発見。こんなに近くにいてくれてたのに、全然気づかなくてごめんよ。レジに置かれたルイボスティーを一瞥した馴染みの店員が、こちらをじっとりと見つめてくる。このおっさん店員とも、もう十年以上の付き合いだ。言葉にしなくとも、目と目で通じ合う信頼関係が私たちにはある。

「いつもの炭酸飲料じゃなくてお茶？　ダイエットでも始めるのか？」とでも言いたそうな視線に耐え切れなくなった私は「母がこういうお茶が好きなんですよ」と聞かれてもいないことを答えてしまう。母は私が三歳のときに家を出て行ったきり帰ってこない。

勢いに任せ、近所の食料雑貨店にも足を運ぶ。自宅で煮出す用のティーバッグを見繕うためだ。個人経営の小さなお店だが、多種多様な商品が所狭しと陳列されている。コーン茶やハス茶など見たこともないお茶を見つけては大はしゃぎ。初めてブックオフやディスクユニオンやユニクロに足を踏み入れたときと似た猛烈な感動だ。いつかルイボスティーに飽きる日が来たとしても、私にはまだまだ飲んでみたいお茶が山ほどある。
外国のお菓子のような可愛いパッケージのもの、何千円もする高級なもの、マスカットやピーチなどのフルーツのフレーバーが合わさったものなどの中から適当に何個かセレクトし、伊藤園が出しているティーバッグも購入。伊藤園というだけでものすごい安心感がある。
レジに並んでいる間、店内の鏡に映り込んだ自分の姿を凝視《ぎょうし》する。買い物かごに溢れるほどに詰め込まれた大量のティーバッグと、にんまりと気持ち悪い笑みを浮かべているメタボ中年。「これ、キャバクラかガールズバーの女の子にでもプレゼントするんだろうな」とでも言いたげな店員さんの素っ気ない態度に焦り、「いやぁ、妻が……ルイボスティーが大好きなものでね」と大嘘をつく独身おじさん。

では肝心の効能はいかがなものか。あくまで私の所感でしかないが、快眠快便、意識明瞭、体重微減、心は明鏡止水で色即是空なるも原稿白紙という具合である。ルイボスティーのおかげというよりも、炭酸飲料や缶コーヒーを飲むのを控えていることで糖分の摂取量が一気に減っただけかもしれないが、洗顔後の化粧水と同じく、目に見えるほどの効果が私に起きていることは確かである。

久しぶりに天気がいい日曜日、可愛いシロクマのイラストが入ったマイボトルを片手に、近所の公園へ。公園全体を一望できるベンチに腰掛け、マイボトルに入れたルイボスティーをゴクゴク……プハー！　煮出しを始めたころは、何度も分量を間違え、雑巾のしぼり汁のような味の失敗作をつくったものだが、最近はそんなヘマもしなくなった。

時刻は昼の十二時。お日様の光を全身で受け止め、心と体の光合成を開始する。活きのいい二酸化炭素と酸素たちよ、私の体内を駆け巡れ。

ああ、ちょっとイイ感じの日曜日だなあ。数ヶ月前は、同じベンチに座って二リットルのコーラをラッパ飲みしていたのが遠い昔のように思われる。

「炭酸飲料にさよならしてルイボスティーを飲むようになった」

たったそれぐらいの些細なことでも人生は変わる。大袈裟なことをしなくていい。結果を追い求め過ぎなくていい。できることから始めて、続けられることを続けていけばいい。私が作家なんて割に合わない職業を生業にしている理由も、人より文章を上手く書けるのではなくて、誰に何を言われても文章を書き続けられる性分を持ち合わせているからなのだし。結果ではなく変化を大切にする。自分にしかわからない微妙な変化に一喜一憂しながら、己と向き合うことこそが、美容と健康を楽しむコツなのかもしれない。

最近世間を賑わす我々おじさん世代の〝意識のアップデート〟なんて本当に可能なんだろうか。簡単に「アップデートできました！」なんて言ってる同世代の人を見ると何て格好悪いんだろうと赤面してしまう。他人の目ばかり意識した無理な上書きになんの意味があるのか。すべてを変えるのではなく、できることを少しだけ変えることのほうが大切ではないかと思う。化粧水にルイボスティー。大きなアップデートよりも小さな革命を日々の生活の中に起こしていきたい。

復讐のシートマスク

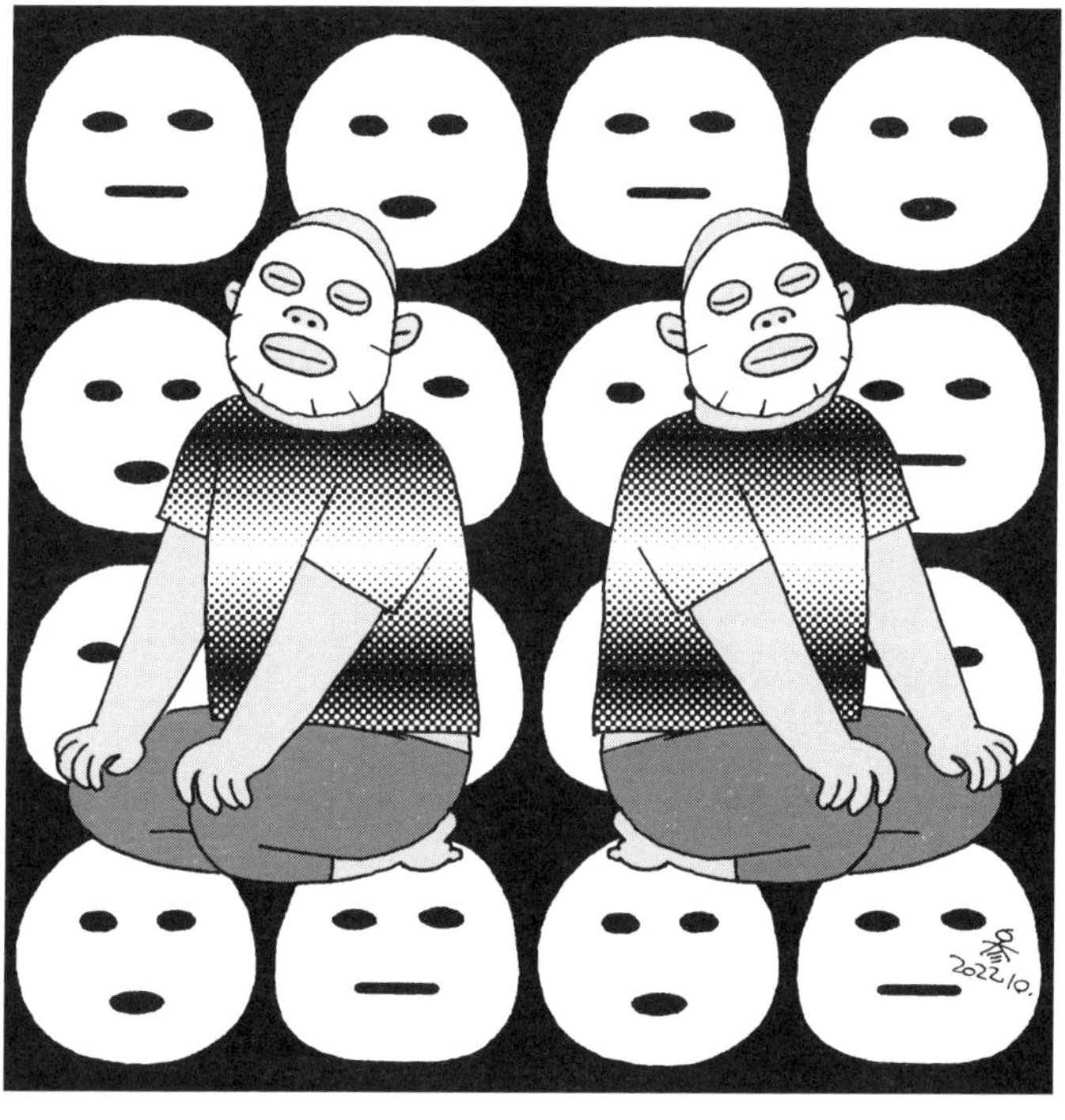

「ごめんなぁ、ワシに似てしまったから、お前もブサイクになってしまったなぁ」

「え、そうなん？　僕、ブサイクなん？」

「大丈夫や、安心せぇ。男は見てくれじゃない。女は強い心を持った男に惚れるんや」

「うん、わかった！　僕、絶対強い男になるで！」

「でもな、それは大人になってからの話やねん。若いうちはいろいろ苦労するやろな。全然モテへんやろうし、女の子と恋なんてできんのちゃうか」


小学生のころに親父と交わした忘れられない会話。

自分の息子になんてことを言うんだと憤慨しつつも、うちが父子家庭だったこともあり、私は親父の言葉に頷くしかなかった。まあ、親父の言っていることもあながち間違いではなく、容姿が整っていない自覚があった私は、変に絶望したり勘違いをしたりせず、性格の明るい日陰者として、けものみちをスキップしながら生きてきた。

「お前に恋はできない」なんて言われたもんだから、余計に女の子のことが好きになってしまい、青春時代の恋にまつわるエピソードを綴った『クラスメイトの女子、全員好きでした』というある種呪われた本まで書いてしまった。ブサイクなりには楽しく生きてきた証を本に残せたことを誇りに思う。とまあ、こんな感じに、自分の容姿には全く自信を持てないまま私は大人になった。

幸か不幸か、己の生活や容姿に無頓着にいることがウリにもなる無頼派寄りの作家なんてしてるもんだから、四十にしてゴブリンと揶揄されるような怪物に変貌を遂げてしまったわけである。

そんな私がこの歳《とし》で美容と健康にハマるとは、美空ひばりの歌にもあるように、人生って不思議なものですね。


さて、丁寧な洗顔と化粧水という基本中の基本といえるスキンケアしかやっていない私だが、もうそろそろシートマスクに手を出してもいいころではないかと思っていた。アレです。お顔にペタッと貼り付けるアレです。美容について調べてみると、洗顔、化粧水も大切だが、洗顔後のシートマスクが一番大切だと言っている美容家のなんと多いことか。しかも顔を洗うのが面倒ならシートマスクをして寝るだけでも充分だと言い切る方もいる。

仲良しの女友達の愛用品を拝借して使うのもいいかと思ったが、まずは形から入りたいおじさんは、自分で選んだシートマスクを買いたいのです。毎度おなじみドン・キホーテの美容コーナーにてシートマスクを物色する。

可愛いイラストが描かれたもの、美容大国といわれる韓国で人気のもの、有名モデルが考案したコラボもの、しっとり肌、もちもち肌など自分が目指す肌に合わせたもの、一枚一枚ばら売りになっているものから、何十枚も大量に入っている箱型のものまで、実に様々なタイプのシートマスクが売られている。

子供のころ、縁日の屋台といえばお面屋さんが好きだった。仮面ライダーやウルトラマンのお面をかぶれば、ブサイクな顔も隠せるし、自分が何者かに生まれ変わったような気持ちになれるからだ。大人になってからもそれは変わらない。大好きな覆面プロレスラーのマスクには何度も助けられた。いつ終わるともわからない余震の恐怖におびえていた東日本大震災のときは、タイガーマスクの覆面をかぶって勇気を奮い立たせたものだった。

そしてこのたびお世話になるマスクはシートマスクというわけだ。私の人生には常に何かしらのマスクが関わっている。

スマホで検索するなどして悩み抜いた末に購入したのは人気商品である「ルルルンプレシャス」のＧＲＥＥＮ（バランス）である。他にも目を引く商品はあったものの、口コミサイトで一番人気のものにした。歌舞伎町や池袋などの繁華街で飲む時に、結局は鳥貴族のような有名チェーン店が一番安心というのと同じ理屈である。

泡立てネットを使い、慣れた手つきで丁寧に洗顔を、その後に化粧水をたっぷり肌になじませる。そしていよいよシートマスクデビューの瞬間がやってきた。美容成分がひたひたに染み入るシートマスクを装着。私は顔がデカいので、顔全体をしっかりと覆い尽くすのはいささか難しい。化粧水は「塗る」だが、シートマスクは「置く」といった感じで、化粧水では届かない肌の奥まで美容成分がしみ込んでいくようなイメージ。時間にして十五分程度そのまま放置する。ああ、気持ち良い。今まで感じたことのない心地良さ。もっと奥へ、もっと深くまで浸透し、どうか私の心のマントルまで到達しておくれ。

忙しい日々の中で、シートマスクをする時間ぐらいは、嫌なことやしがらみをいっさいがっさい忘れよう。いうなれば瞑想のようなものか。何も考えずにただぼんやりするのも忙しい現代社会を生き抜くのに必要な時間である。

シートマスクを始めて三日ほどで効果はすぐに現れた。肌の触り心地が驚くほどに違うのだ。しっとりして柔らかな絹のような触り心地に我ながらうっとりする。続ければ続けるほどその効果を実感できるらしい。やはり継続こそ力なり。丁寧な洗顔と、化粧水に加えてシートマスクという手間がまた増えてしまったが、そのひと手間をかけられるかどうかが美容には大切なのだ。

ちょっとだけイイ感じのおじさんになるという目標を掲げ、日々悪戦苦闘中の私だが、もしかしたらこれは、四十代にして迎えた親父への反抗期といえるのかもしれない。子供のころに植え付けられた容姿に関する呪い。その呪いをシートマスクで綺麗さっぱり打ち消してやるぞ。積年の恨み、今こそ晴らすときがきた!

スマホのインカメでシートマスク中の私の写真をパチリ。せっかくだからこの写真をLINEで親父に送りつけてみるか。やや間があってから「お前何しとんな?」とそっけない返事が届く。親父め、今に見ていろ。復讐はシートマスクと共に美しくまいりましょう。

書を捨てよ
町へ出よう
養命酒を
飲もう

「子供のころ、コーンフレークとミロとフルーチェにはなぜか憧れたんやから！」というのは、ミルクボーイの漫才のくだりだが、私にとってのそれは「リポビタンD」と「養命酒」だった。

仕事前の景気づけにと、親父が毎朝一気飲みしていたリポビタンD。病気がちだった祖父が一日も欠かさず朝、昼、晩と飲んでいた養命酒。怪しげな商品名と薬品のような独特の匂いも手伝い、子供の私にとって、そのどちらとも〝大人だけが口にできる憧れの飲み物〟であった。で、いざ大人になってみると、リポビタンDをはじめとする栄養ドリンクの類はそこそこ口にする機会があるものの、こと養命酒に関しては〝年配者の飲み物〟もしくは〝ちょっと怪しい酒〟というイメージも根強く、結局手が出せないままであった。

美容と健康に目覚めた今、私は改めて養命酒に注目していた。愛する炭酸飲料に別れを告げ、普段口にする飲み物といえばルイボスティーやミネラルウォーターが中心となっている。水分補給をこまめにすることが健康につながるからと、暇さえあればグビグビやっている。水分を摂ることで体内の老廃物が排出され新陳代謝が高まっているような気もする。簡単にいえば体調がすこぶる良い。さらに健康促進を図るために、そろそろ養命酒に手を出そうという魂胆である。

善は急げということで、近所のドラッグストアにて養命酒を一本釣り。真っ赤でド派手なパッケージに、少しまがまがしいフォントで刻まれた「養」「命」「酒」の三文字。眺めているだけで興奮が抑え切れない。ずっと憧れていた養命酒。真っ赤なスポーツカーなんて買えなくていい。真っ赤な箱に包まれた養命酒を買うだけで、人生はちょっとだけ楽しくなる。

養命酒の正式名称は「薬用養命酒」といい、漢方医学の考え方に基づいて作られた薬酒である。十四種類の生薬が配合されており、全身の血行と代謝が改善され、冷え症の克服、滋養強壮などに役立つらしい。なんて御託はどうでもいい。まずは一杯クイっとやってみよう。キュキュッと蓋を開け、まずはくんかくんかと匂いからチェック。幼いころのおぼろげな記憶では、とにかく薬品臭い匂いだったとばかり思っていたが、こうして嗅いでみると、ほんのり甘くてちょいとスパイシーな香りがする。

トクトクトク……とカップに注いだ茶色い液体をゴクリと飲み干す。シロップタイプの風邪薬にシナモン風味が混ざった不思議な味が口の中いっぱいに広がる。甘くもあり苦くもあり、飲む人によって味の感じ方が大きく変わるであろうクセの強さだ。

何より気になるのは、飲んだ瞬間にお酒だとわかるアルコール度数の高さである。成分表を調べてみるとアルコール分は十四パーセント、これは日本酒やワインと同じぐらいの高さだ。

正直好きな味ではない。どちらかといえば苦手である。それでも私は、大好きだった祖父が愛飲していた養命酒を飲めたことが嬉しかった。

孫である私にとにかく優しかった祖父。

「爺ちゃんがなりたかったお医者さんに、お前が代わりになってくれへんか」

「爺ちゃんの大好きな碁を覚えてくれへんか。お前と一局打つのが夢なんや」

「爺ちゃんが戦争で行った中国へ一緒に行こう。お前に見せたい綺麗な景色があるんや」

「お前の可愛いお嫁さんの顔とひ孫の顔を見ないと死んでも死に切れんわ」

ろくでなしの私は、祖父の願いを一つも叶えてあげられなかった。その罪滅ぼしではないが、死んでしまった祖父が大好きだった養命酒を私が受け継ぎたい。

お恥ずかしい話だが、先祖代々大酒飲みの家系である我が家は、酒が原因で祖父も親父も警察沙汰の不祥事を起こしている。養命酒による健康的な飲酒生活を送り、ここらでその悪しき伝統も打ち止めにしたいところだ。

そんな私の養命酒生活だが、たった半月でその効果が顕著にあらわれてきた。

まず、寝付きが格段に良くなった。布団に入って五分もすれば夢の中へと旅立てる。加えて、朝の目覚めもスッキリこの上ない。二度寝をすることも少なくなり、起きてすぐにトップギアで活動することが可能となった。

長年悩みの種だった慢性的な倦怠感もほぼ解消した。養命酒をお酒がわりにして、日々の飲酒量もかなり抑えられている。

だが、一番の収穫は養命酒をきっかけに広がった友達の輪であった。

行きつけのガールズバーにて、ちょっとした話のネタにでもなればと、私は養命酒の素晴らしさについて熱弁を奮った。すると一回りも二回りも年下の女の子たちから思わぬ反応が。

「え！　私も飲んでるんだけど！　アレって冷え症にめっちゃ効くんだよね！」

「うそ、びっくり！　○○ちゃんも飲んでるの？　養命酒って生理痛にも効くんだよね」

はたまた隣の席に座っていたサラリーマンまで「実は妻に勧められて私も最近飲み始めたんですよ。知ってますか。養命酒って性欲増進の効果もあるんですよ」と聞いてもいない豆知識を披露し始める。
「養命酒」というキーワードをきっかけに、お店の中が和やかな雰囲気に包まれる。なんとも不思議な光景だ。そうか、私が知らないだけで、養命酒は沢山の人の生活を陰で支えているんだな。子供のときに思っていた通り、養命酒はまさに〝大人の飲み物〟だったのだ。

思い返してみれば「美容」と「健康」に興味を持ち始めて以来、あの化粧水がいいとか、どこそこの店のルイボスティーがおススメだというような美容トークを、女性と話す機会が増えた。それに加えて私は「養命酒トーク」という新しい社交術まで習得してしまったようだ。

「バニラアイスに養命酒をちょっとだけかけると美味しいデザートになるんだよ。ねえ、知ってた？」と自慢気に話すガールズバーの女の子の顔を眺めながらしみじみ思う。

養命酒を介して心の距離がグッと近づいた男と女。単に体だけが健康になるのではなく、誰かと深く繋がる心の健康も大切にしていきたい。

美容も健康もイイ女も全て手に入る。養命酒を飲めばそのすべてが手に入る。

書を捨てよ、養命酒を飲もう、求めよ、さらば与えられん。

「いびき対策アプリ」で人生について考える

古今東西、時代と老若男女を問わず、いびきに悩まされている人は非常に多い。パートナーのいびきがうるさいという理由で家庭内別居、果ては離婚にまで発展するケースも珍しくないらしい。体調面だけでなく、対人関係でも大きなトラブルを引き起こす。いびきとはげに恐ろしき社会問題なのである。

無論、私とて例外ではない。

昔、長い間お世話になったアパートを引っ越すとき、近くに住む大家の婆さんに挨拶に行くと「クマさんみたいに大きなあなたのいびきが聞けなくなるのはとても寂しいわ」と思いもよらぬことを言われた。心底驚いた。多少はいびきをかく人間だと思っていたが、そこまでのものなのか。壁が薄いことも手伝ってか、夜な夜な響き渡る私のいびきは、アパート周辺のちょっとした名物だったらしい。

まったく人生とは、自分の知らない所で沢山のドラマが起きている。

しかし、私のいびきって、本当にそこまでひどいのだろうか？　ここは一度、自分のいびきと真剣に向き合ってみる必要がある。そこで目をつけたのがスマホで使える〝いびき録音アプリ〟なる代物である。

使い方はいたって簡単、録音開始ボタンを押し、枕元にスマホを置いて眠るだけ。あとは朝になれば、自分のいびきが記録された音声ファイルと、時間帯によってのいびきの大きさを可視化したグラフまで作成されるという優れものだ。有料プランもあるが、お試し録音は無料で使用できる。

幽霊の声とか入ってたら怖いな〜と修学旅行の学生みたいなノリで眠りにつく。一晩ぐっすり寝たあと、さっそくデータを再生。子供のころ、テープレコーダーで録音した自分の歌声を初めて聴いたときの、あの胸の高鳴りを思い出す。さて、私のいびきはいったいどんな按配だ。それはまさに野生のジャングル、いや、この世の終わりの地獄絵図、百鬼夜行、大地を揺るがす地鳴り、蘇った恐竜の咆哮、絶望の爆発音。およそ人間のものとは思えぬけたたましい音量の騒音がそこには記録されていた。グラフが指し示した音量は最大八十デシベル。なんとこれは、救急車のサイレンとほぼ同じ音量らしい。子供のころから幽霊や呪いに興味こそあれ、恐怖など一度も覚えたことのない私の背筋に走る確かな悪寒。この世で一番怖いもの。それは〝寝ているときの自分〟で間違いない。

ふと、昔同棲していた恋人のことを想う。ひとつ屋根の下で七年間も一緒に暮らしたというのに、一度も私のいびきに文句を言わなかった可愛い女。あいつもこの騒音をずっと我慢していたのだろうか？　それとも、呆れていたのか？　もしあの子が「あんたのいびきうるさいよ」と正直に言ってくれていたら、私たちの恋も違った結末が待っていたのだろうか？

さて、現状がわかったところで解決策は何かあるのか。調べてみたところ、いびき治療は病院で保険診療を受けられるし、専門のクリニックまであるらしい。レーザー治療なんかもできるらしいが、いびきよりも心配されるのは、テレビでもその名前をよく目にする「睡眠時無呼吸症候群」である。その名の通り寝ている時に呼吸が何度か止まっているという恐ろしいものである。ＣＰＡＰ治療という映画『マッドマックス』シリーズに出てきそうなマスクを装着して眠る方法もあるらしい。ちょっとかっこいいなんて思っちゃうのが私のダメな所である。頃合いを見て病院でカウンセリングを受けるとして、今すぐ簡単にできるいびき対策はないものか。ということで近所のドラッグストアにて安価なイビキ防止グッズを買い漁ることに。鼻孔を広げて呼吸を楽にしてくれるシール、鼻呼吸を促す口呼吸防止テープにヘッドギアサポーター、保湿マスクにアイマスクにネックピロー。すべて装着してみると、エベレスト登頂隊かのような重装備になってしまった。

仮にいびきの音量を抑えられたとしても、毎日こんな格好で寝なきゃいけないのかと思うと、あまりの面倒臭さで逆に笑いが込み上げてくる。

数多《あまた》あるいびき防止グッズの中で一番のお気に入りはマウスピースだ。熱湯に浸して柔らかくなったマウスピースをかちかちと噛んで、自分にぴったりの歯型を取る工程がとても楽しい。正直、それほど効果があるとは思えない。だが、世界にひとつだけの自分専用のマウスピースってのは、持っているだけでテンションが上がる。オーダーメイドというのはなんだって気分がいい。

あまりに嬉しくて、就寝時だけでなく、どこに行くのにもマウスピースを御守り代わりに携帯するようになった。何かつらいことがあっても、マウスピースをはめればきっと大丈夫。ウルトラマンや仮面ライダーに変身できるアイテムを持っているかのような安心感だ。

そうか、そういうことか。女性が日焼け止めにリップクリームのような美容グッズを持ち歩くのは、こういう安心感を得るためだったのだな。今ならわかるぜその気持ち。人は齢を取れば取るほど身も心も弱っていく生き物なのだから、自分だけの御守りをたくさん作っていかないと、人生はそのうちままならなくなる。

さて、グッズだけでなく就寝時の姿勢も重要だ。基本はあおむけに大の字で寝ることが多い私は、横向きの体勢で眠ることを習慣づける。アプリで再びいびきを録音。うん、多少マシになった気がする。あくまで気がするレベルだが。あと有効な手立てとしては、乱れた生活習慣の改善が必要だ。そうか、化粧水をつけ始めたり、ルイボスティーを飲み始めたりしてからというもの、少々調子に乗っていたが、まだまだ努力が足りないようだ。

そんなことよりも心配事がひとつ。

恥ずかしながら私は、全裸にならないと集中して文章を書けないという厄介な体質を抱えた作家なのだが、それに加えて就寝時にはイビキ対策グッズを装着して重装備で眠ることになってしまった。うん、もはや私は人間じゃない。服を着たまま文章を書けるようになり、いびきも治さないと人としてヤバイ気がしてきた。というこの文章をもちろん裸で書いているのだけれど。

恋する太っちょゴブリン新しい冒険の旅に出る

痩せた。

とにかく痩せた。

美容と健康に目覚めてから一年とちょっとで三十キロ近く痩せた。

怪しいダイエット商材の広告モデルに採用されかねないぐらいの劇的な変化である。人間に換算すると小学校低学年の子供一人分ぐらいは痩せたことになる。

一時期は一三〇キロに迫る勢いだった体重も、現在では九五キロ近辺をゆるやかに上下している。身長一六八センチの成人男性の適正体重は約六二キロ。データ上はまだまだ〝肥満〟の域を脱していないが、背中に羽根が生えたかのように、普段の生活が軽やかになった。

「もはや別人じゃないですか！」と驚く人、「隠さずに言ってくれ。悪い病気にかかってるんだろ？」と真剣に心配してくれる人、「お金に困ってるなら仕事を振りますよ」と変な気を利かす編集者。「それ以上痩せないでください……」と目をウルウルさせて訴えてくる無頼派作家の私を愛するファンの方。会う人会う人が何かひとこと言わずにはいられないぐらいの変貌だ。

「どうやって痩せたのか教えてください」と聞かれることが多いが、運動らしい運動といえば毎日の散歩ぐらいのもので、「糖質制限ダイエット」のような流行のものにも一切手を出していない。大きな変化といえば、愛する炭酸飲料に別れを告げてルイボスティーを飲み始めたことだろうか。炭酸飲料を飲むのをやめただけで三十キロ？　待て待て、お前はいったいどれだけの量を吸収していたんだと問われれば、一日に三〜五リットルのシュワシュワを胃の腑に収めていたわけである。砂糖の量に換算すると世にも恐ろしい数値になるだろう。

体調もすこぶる良くなった。過酷なダイエットなどできる性分ではないので、たこ焼き、ラーメン、カレーなどもたまに食べるぐらいに己を甘やかしている。私の場合、食事量を減らすことよりも、体に良くないものの摂取量を減らすことのほうが効果的のようだ。

もちろん見た目も変わった。質感はもちろんのこと、肌ツヤに雲泥の差が見受けられる。だからといって太っていたときの自分が嫌いかと言われれば、意外とそうでもない。あれはあれで丸っこくて可愛いかったじゃないかと自画自賛しておこう。昔があるから今がある。私はいかなるときも過去の自分を否定したくない。

美しくはないが見れるようにはなってきた自分への自信から日々の行動範囲も広がった。今までは家から徒歩圏内のところですべてを終わらせていた私が、積極的に外に出かけるようになった。あの微妙な距離感での接客が恥ずかしくてずっと大嫌いだったメガネ屋にもなんとか足を運べるようになったし、オシャレな服屋にも一人で入れるようになった。

思い返してみると、美容と健康に興味を持つようになった〝はじまり〟は、近所に住む子供たちに「太っちょゴブリン」というあだ名で呼ばれたことがきっかけだった。向上心も根性も目標もなかった四十過ぎのおじさんは、少しはマシなおじさんになれないものかと、美容の道に片足を踏み入れた次第である。

といっても、誇れるようなことは何もしていない。洗顔後に化粧水とシートマスクで肌を整えるぐらいのことしか続けられていない。だが、そんな簡単なことだけでも、私の肌は別人のようにみずみずしく生まれ変わった。荒地同然に干からびていた肌に、化粧水という川が流れ込み、少しずつ草木が芽吹き始めている感覚。手間暇かけたことがちゃんと形になって現れる嬉しさ。同時に、今まで自分を大切にしてこなかったことへの後悔と、日々スキンケアに勤しんでいる女性、男性、いやすべての人たちへの尊敬の念を持てるようになった。

私の運命を変えてくれた近所の公園に来た。うららかな陽気に包まれた憩いの場所。目の前を通り過ぎる見慣れた小学生の群れ。私のことをゴブリンと呼んでいた子供たち。多少見てくれがよくなった今なら大丈夫かもしれない。一抹の不安を感じながらも、私は勇気を出して挨拶をする。

「こんにちは！」

いつもは物言わぬゴブリンが、人間との異文化交流を図ろうとしてきたことに驚き、皆で顔を見合わせるも「こんにちは〜！」と子供たちは快活な声を返してくれる。

感動だ。いや、返事をしてもらえたことが嬉しいんじゃない。子供たちに声をかけても恥ずかしくないと思えるぐらいに、自分に自信を持てたことのほうが嬉しい。私にとっての「美容」とは、美しくなることが目的ではなく、自己肯定感を持って生きていくための生存手段なのだ。喜びを噛みしめる私の様子を見て、隣に腰かける彼女が「なに？　感極まってんの？」とケラケラ笑う。

可愛い可愛い私の恋人だ。

年齢が近いこともあり、元々仲は良かったが、美容や健康に関する相談事をしているうちに、さらに距離が縮まり交際がスタートした。何より私のソウルドリンクであるルイボスティーを教えてくれたその人である。

付き合い始めた当初からよく言われている言葉がある。

「いつか私と別れることになっても、私に愛されたという証拠をあなたに残してあげたい」

最初は何を言っているのかさっぱりわからなかったのだが、今なら少しわかる。この子と別れても私は洗顔後に化粧水をつけ続けるだろうし、ルイボスティーも一生飲み続けるんだと思う。そのたびに私はこの子と一緒に暮らした日々のことを思い出すんじゃないか。なんて別れることが前提で書くのはやめにしよう。

自分のためというのはもちろんだが、大切な人のためにもう少しだけマシな男になりたい。この人と少しでも長く一緒にいられるように健康になりたい。今のままの私をただ肯定し、受け止めてもらうのではなく、変わっていく私を傍で見守っていてほしいし、常に叱咤激励してほしい。

所詮人生は出たとこ勝負、好きなことだけやって、好きなものを腹いっぱい食べ、そして野垂れ死んだときこそが己の寿命。それこそが自分が思う美しい人生の形。そう信じて生きてきた私にとって、これは今まで経験したことのない大きな大きな挑戦だ。

さあ、大冒険のはじまりだ。私にはまだまだ試してみたい美容が山ほどあるのだ。

遠くからこちらを指差し「あれってゴブリンの彼女じゃない？　メスゴブリンだ！」と騒ぎ立てる子供たちに二人して苦笑しながら、恋するゴブリンはマイボトルに入れたルイボスティーをグイッと飲み干すのであった

午前三時の写真館 PART 1

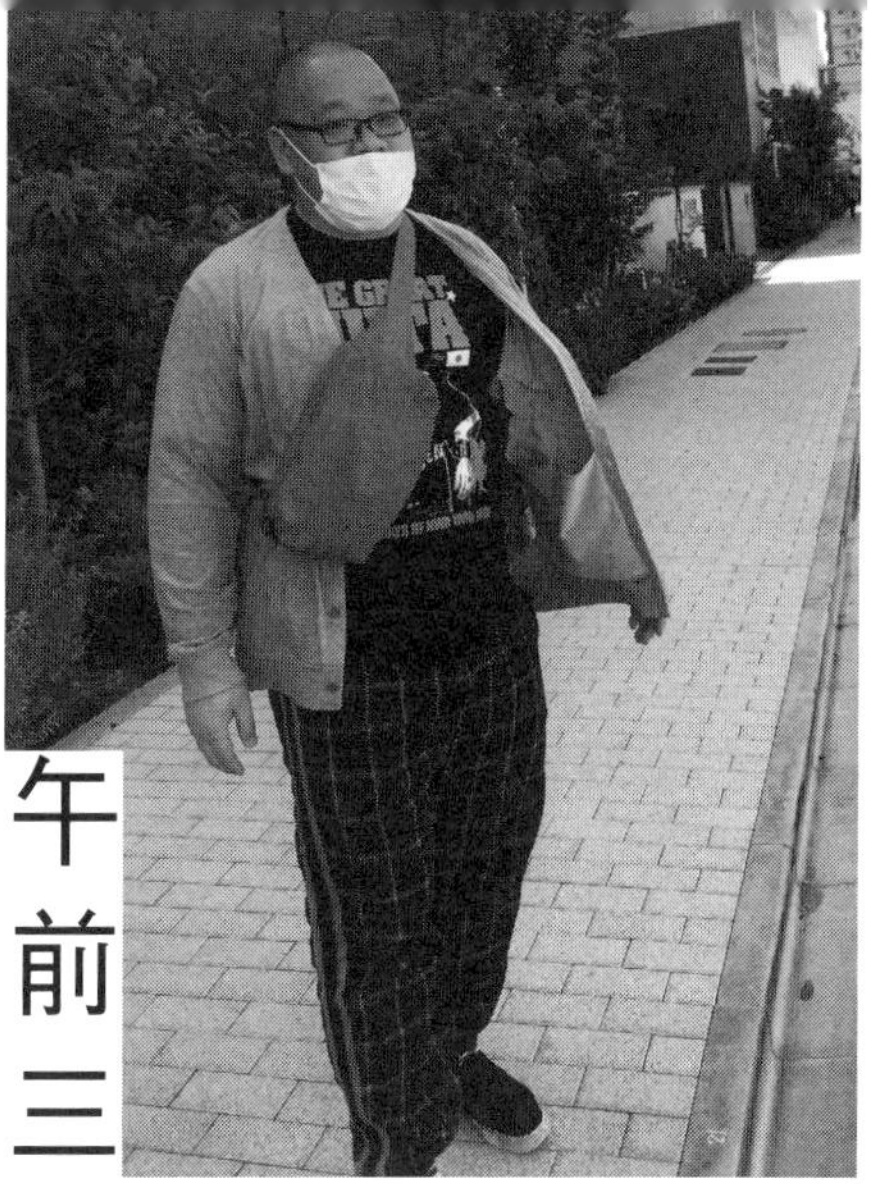

130キロに迫る勢いで太っていたころ。子供たちの「太っちょゴブリン」というあだ名は言いえて妙。

“午前三時の化粧水”生活をスタートさせて約１年ちょっとで95キロ前後に！　劇的な変化だった。

南アフリカ生まれの「ルイボスティー」が大好きに。「利きルイボス」もできるほどに成長!?

シートマスク最高！　MEGUMIさんも著書でオススメしている「ルルルン プレシャス」のGREENを愛用。

僕らの卵焼き記念日

およそ十年ぶり、人生で二度目となる同棲生活がスタートした。

前述のいびき問題に端を発し、生活習慣を本格的に見直すには半同棲ではらちが明かないという結論からだ。一緒に暮らしてあげるからマジで生活を変えましょうという恋人からの提案を受けての同棲生活と相成った。まったくおなごというものは、こういうときの決断力はもの凄い。

せっかく一緒に住むのならということで、二人して新しい家に引っ越すことにした。十何年以上お世話になった中野を離れ、四十代にして世田谷区民になる私。中野と高円寺の悪友たちから「四十歳を過ぎてこの土地を出ていくのは裏切りに近い行為だと思え」と怒られるも「まあ、女のケツを追っかけて引っ越すんだから、あんたらしいな」とも言われた。そうです。私は女が絡まないと引っ越しをしないのです。

築年数は古いが、見た目もそれなりに綺麗で日当たりの良いベランダ付き、風通しの良さは抜群、厚めの壁で防音バッチリな上に角部屋という有料物件を運良く発見。ここが私たちの愛の巣になる。私にとっては虎の穴になるかもしれないが。

いっこうに荷解きが終わらず、段ボール箱が積み上がったままのリビングの床に大の字になって考える。誰かと生活を共にする上で大切なことって何だろう。

金銭面に関するルールをしっかり決めること。お互いの生活リズムを把握すること。家事の分担を明確にすること。これだけは言われたくない、されたくないＮＧ要素を事前に伝え合うこと。どれも大事な約束事だが、私たちにとっては「食事」が大きなテーマになりそうだった。ルイボスティーとの運命的な出会いにより、長きにわたる炭酸飲料の過剰摂取から抜け出したものの、主たる食生活の乱れは全くといっていいほど改善されていなかった。

もはや主食レベルで口にしているカップ麺。不規則なリズムで書き仕事を行う私にとって、いつでも簡単に作れるカップ麺は〝お口の恋人〟といっていいほどかけがえのない存在である。三食すべてカップ麺という日も決して珍しくなかった。

嫌いなカップ麺なんてひとつもないのだが、とくにマルちゃんの「赤いきつね」と「緑のたぬき」を偏愛している。普通に食すだけでは飽き足らず、「赤いきつね」の麺を「緑のたぬき」のスープで食べる〝マッシュアップ〟や、きつねとたぬきを豪快に混ぜ合わせる〝ミックス〟など、様々な食べ方を発明し、優雅なカップ麺ライフを楽しんできた。

だが、我が家の「台所」の主である恋人によって、カップ麺を食すことは固く禁じられることとなった。もとより覚悟はしていたものの実に悲しい。炭酸飲料だけでなく、カップ麺にもさよならを。両の翼をもぎ取られたような深い深い絶望に私は胸を苛まれる。

いや、まだ交渉の余地はある。二度と食べられないなんてさすがにひどすぎる。年に一度の七夕の日を胸を焦がして待つ彦星と織姫のように、年に一度ぐらい、カップ麺を心ゆくまで食べられる日があったっていいじゃないか。

強い気持ちを持って恋人に訴えかける。この人だって鬼ではない。話せばきっとわかってくれる。熱意が伝われば「うん、わかった。でも年に一度と言わず月に一度食べてもいいよ」といじらしいことを言ってくれそうな気もする。うん、勝算は充分にある。

「じゃあ年に四回食べていいよ。春、夏、秋、冬で季節ごとに食べるの面白そうじゃん」

鬼だ。鬼がいた。

いや、年一食が年四食に増えたのだから万々歳か。ここはポジティブに受け止めよう。春は春野菜をふんだんに盛り合わせた「サッポロ一番」を。夏にはちょっとしたお祭り気分を味わうために「ペヤング ソースやきそば」を。中秋の名月を眺めながら、「チキンラーメン」の上に卵を落とし、月見カップ麺といくのも乙なものだ。そして大晦日には、一年の総決算として「緑のたぬき」を年越し蕎麦として大いに食らおうじゃないか。


しかし、カップ麺でこのザマでは先が思いやられる。これからの共同生活をよりよいものにするためにも「食」に関する共通認識を持つことが重要だ。そこで私たちは、お互いの食の嗜好を紙にザラっと書き出すことに。好きなものと苦手なものを嘘偽りなくすべて曝け出す。

すると、恋人にいたっては好き嫌いが全くないときたもんだ。唯一苦手なものはブルーベリーぐらいだという。「ブルーベリーが苦手」か。なんだか逆にオシャレな感じがして腹立つな。

片や私は、とにかく苦手な食べ物が多い。味がダメというよりも、その食べ物にまつわる嫌な思い出が食欲をそいでしまうのである。

たとえばソラマメ。うちの家系は代々腎臓を悪くする血筋であり、「あんたが死ぬときは腎臓の病気で死ぬやろな」と子供のころからずっと言われ続けていた。そのせいで腎臓の形によく似たソラマメが嫌いになった。

続けてシイタケ。晩年にシイタケの原木栽培にハマっていた祖父は、一心不乱にシイタケの世話ばかりしていた。挙句には今際の際までシイタケのことをつぶやいてあの世に行ったらしい。あんなに格好良くて優しかった祖父を狂わせたシイタケが憎い。だから私はシイタケを食べない。

そして生魚。昔、貧しい我が家のことを何かにつけてバカにしてくる金持ちの親戚がいた。法事などの集まりで、そいつらがネチャネチャと下品な音を立てながら美味しそうに食べていた刺身。「貧乏人なんかやから刺身はありがたく食えよ」というあいつらの言葉を私は一生忘れない。だから私は生魚が大嫌いだ。

「わかったわかった、料理はアタシに任せて。そんなしょうもない思い出に負けてたまるか。いろいろ工夫して苦手なもの全部食べさせてやるからな」

私のあまりの偏食ぶりに辟易するのではないかとばかり思っていたら、心配をよそに、恋人はメラメラと闘志をたぎらせるのであった。体力は全くないがとにかくガッツがある女。私はこの女の〝生命力〟に惚れたのかもしれない。

話し合いの末に決まったルールは以下の三つ。

1：夕食は必ず一緒に食べること
2：料理は恋人が、後片付けは私が担当すること
3：出された料理はなるべく残さず食べること

共働きのわが家、仕事で疲れているはずなのに、帰宅してすぐに恋人は料理の仕込みを始め

る。私の苦手な食材を原型がわからないぐらいの大きさに細かく切り刻んで料理に加えるという手間を苦にもしない。栄養のこともしっかり考え、野菜、肉、魚、フルーツをバランス良くメニューに加えている。私好みのちょっと甘めの味付けもありがたい。そして何より、彼女の料理はどれもほっぺたが落ちそうになるぐらい美味しいのだ。

「美味しいって言って食べてくれるだけで嬉しいよ」と彼女は喜ぶが、もっと他に何かできることはないものか。そこで私は、大学生時代によく作っていた〝だし巻き卵〟を久方ぶりに作ってみようと思い立つ。

　白だし、味の素、砂糖を加えてよくかき混ぜた卵を、卵焼き専用の四角いフライパンの上に落としていく。焦げがつかないうちに形を整え、フライ返しで慎重に慎重にひっくり返す。うん、ブランクがある割にはなかなかの出来栄えだ。

　味見をしようとしたところを「も～らい！」と恋人が横からつまみ食い。「美味しい！　美味しいじゃん！」と手放しの賛辞を述べた後、両手を鳥のように羽ばたかせながら、両膝を曲げて丁寧にお辞儀をしてくれる。バレエダンサーがよくやる〝レヴェランス〟と呼ばれるお辞儀の方法である。幼いころにバレエを習っていた彼女なりの最大級の賛辞を伝えてくれているのだろう。その瞬間、私の中で何かが爆発した。

　自分の作った料理を美味しいだなんて言ってもらえたのはおそらく生まれて初めてじゃないか。経験したことのない喜びと感謝、これからの二人の新生活への期待と不安、あらゆる感情がごちゃ混ぜになって、私はボロボロと大粒の涙を流してしまう。

「えぇ……やめてよ……卵焼きが美味しいって言われたぐらいでいいおっさんが泣かないでよ。

ちょっと引くわ」と憎まれ口を叩く彼女の目にも涙がキラリ。お互い四十を過ぎた中年カップルが、卵焼きひとつで抱き合ってワンワンと泣いている。なんていびつで素敵な光景だろうか。なんとなくわかった。料理って体に良いものを食べることが大事なんじゃなくて、食べた人の心を健康にするものなんだな。

私はどうしても期待せずにはいられない。この先どんどん上達していくであろう私の料理の腕前と、これからの二人の愛溢れる食卓に。

小さな幸せを噛みしめながら、ゆっくりゆっくり丁寧に生きていこう。何度も何度も卵焼きをひっくり返していこう。愛する人のためにとびきり美味い卵焼きが作れた今日は、私たちにとって忘れられない「卵焼き記念日」だ。

風呂・匂い・
洗濯・布団…
同棲って
大変だ

同棲生活を始めてから恋人によく言われるようになった言葉第一位。

「あんた臭いねん」

そうなのである。誰かと一緒に暮らすようになってから、私は初めて自分が臭いということに気づかされたのだ。幸いなことに加齢臭とかワキガとかそういう種類のものではない。生活習慣からくる匂いらしい。

まったく男というものは「自分だけは大丈夫」という根拠のない自信をもって生きている。他人から何も言われなければ「俺だけはセーフ」と安心している。だがそれはどうやら勘違いらしい。

「あなたの体臭って……樹海の匂いがするの」

樹海に行ったことがないのにおそらく樹海ってこういう匂いがするんだろうなという予測の言葉だ。ショックを通り越して笑ってしまった。

思い当たる節はあった。

雑誌の取材で、私の家を訪れた担当編集から、取材後に、チップ状に砕いた青森ひばが大量に送られてきたことがあった。「木の匂いがする入浴剤が大好きなんですよ」と日頃から言っている私への気遣いだとばかり思っていたが、どうやら「部屋が臭いので何とかしたほうがいいですよ」というメッセージが込められていたようだ。この体に染みついた樹海臭をどうにかしなければと思い悩む私に、恋人は改善案を紙に書き出してプレゼンをはじめる。

【樹海臭撲滅計画】

1：お風呂にちゃんと入りましょう。カラスの行水はダメです。尊敬するタモリさんも風呂嫌いとかいちいち主張するのがウザいです。

2：とにかく換気をしましょう。一日何回も窓を開けて空気を入れ替えること。綺麗な空気を吸わないと健康にはなれません。

3：お香を焚くのはやめましょう。お香を焚くのは全然オシャレではありません。お香にインドカレー、あなたは見ず知らずのインド人に毎月どれだけのお金を払うつもりですか。

4：布団と毛布を買い替えましょう。二、三日に一度は布団を干すこと！　布団の汚れは肌の汚れにつながります。こまめにカバー類も交換すること！

5：洗濯のやり方を見直しましょう。洗剤、柔軟剤、干し方の見直し。洗濯機の中の掃除も必ずする！　服の匂い＝自分の匂いだと認識しましょう。

一生懸命考えてくれたであろう改善案に目を通しながら私はときに怒り、ときに泣き、ときに心から感謝する。言いづらいこともあるだろうにここまで書いてくれた彼女の気持ちに応えたい。それに愛する彼女は喘息もちなので、ちょっとした埃でも彼女の体に影響を与えてしまうのだ。私がちゃんとしないと間接的に彼女を殺してしまうことになるのだ。

まずはお風呂にしっかりと入ろう。私のようなおじさんになるとお風呂というのはリフレッシュをする場所というよりも「死に一番近い場所」というイメージが強い。ゆうに百キロを超える肥満体になってからは、寒暖差による心筋梗塞や長風呂による脱水状態など、リアルな「死」を間近に感じながらの入浴となっている。事実、入浴中に眩暈や貧血を起こしたことは数知れず、危うく溺死しそうになったこともある。うっすらとではあるが、自分はいつか風呂で死ぬんだと覚悟しているところもある。

少しでもお風呂場にエンタメをということで、「クナイプ」など少し高価な入浴剤、新品のボディスポンジ、洒落た石鹸置き、お風呂に入ったままスマホを触れる防水ケースなど、お風呂グッズをこれでもかと買い漁る。半身浴などお風呂の入り方を変えることで健康と美容にも効果が見込めそうだ。墓場だと思っていた風呂場から私は再生してみせる。

「本日からあなたを洗濯大臣に任命します」

今後の共同生活を円滑に進めるため、家事の分担について話し合った結果、〝洗濯大臣〟という責任ある職を拝命する運びとなった。〝ゴミ捨て官房長官〟と〝米炊き将軍〟ならびに〝食器洗いおじさん〟も兼任する。なお、家事全般を受け持つ彼女に関しては〝家事の神〟と呼んで崇め奉ることとなった。

洗濯か。

そういえば子供のころ、実家にあった古い二層式洗濯機の「洗い→すすぎ→脱水」という行程をじっと眺めているのが好きだった。洗濯物がないのに洗濯機を回しては、親父によく叱られていた。少しばかりの洗剤を入れ、しばらく放っておくだけで衣服の汚れを綺麗さっぱり落としてくれる洗濯機は、子供の目には夢の機械に見えた。ぐるぐる渦まく水流を見ているだけで心が落ち着いたし、渦の中におそるおそる手を入れる〝スリル〟もたまらなかった。あのころ、洗濯機の中に広がる大海が私の心のオアシスだった。

大人になると、それが面倒で退屈なルーティンワークとしか思えなくなる。限界ギリギリまで洗濯物を溜め込み、洗濯機を回すのは週に一度ぐらい。着る服がないときは、その日に着たTシャツを裏返しに着て、部屋着にすることもあった。

布団にいたっては、万年床状態でペッチャンコもペッチャンコ。もう布団なのかマットなのかすらもわからない。なんとも豊潤な香りが匂い立つ布団にくるまって寝ていると、映画『風の谷のナウシカ』の王蟲《オーム》の触手に包まれているような気持ちになった。

そんな具合に堕落しきった私が、新生活を機に生まれ変わることができるのか。洗濯大臣の大役を務めることができるのか。

幸いにも、新居のベランダは南向きで日当たり良好ときたもんだ。肌に直接触れる衣服や布団を清潔に保つことは、ひいては美容と健康の維持にも深く関係してくる。

今こそ、もう一度〝楽しい洗濯〟を、いや私自身の〝心の洗濯〟をする、またとないチャンスなのである。

何事も形から入るタイプなので、まずは洗濯用品の類を一切合切買い替えることにした。何はともあれ洗剤からだと、近所のドラッグストアへ。普段はめったに行かない洗濯用品コーナー。昨今流行りの液体洗剤や色鮮やかなジェルボールが所狭しと陳列された眩しい光景を目にすると、おもちゃ屋さんに来たときと同じような胸の高鳴りを覚える。目移りしちゃうぜ。

熟考の末、青、白、緑の綺麗な色合いのジェルボールを購入。歯磨き粉でいえば「アクアフレッシュ」的な色合いに私はめっぽう弱い。しかし、ジェルボールの見た目は勾玉というか、神秘的な感じがして格好良い。そして、柔軟剤だ。恥ずかしながら、柔軟剤を買うのは、これが生まれて初めてである。三ツ星ホテルのタオルと同じ匂いがするとか、洗剤のときと同じく、種類が多過ぎてどれを選んでいいのか皆目見当もつかない。

そうだ、困ったときに頼れるもの。それがスタンダードなものの魅力じゃないか。

私は、愛らしいクマのマスコットキャラクターで有名な「ファーファ」を買い物かごにぶち込む。なんだかんだいって、私は可愛いクマちゃんが大好きだ。

道具は揃った。次は洗濯の方法を見直そう。洗濯の回数をできるだけ減らそうと洗濯槽に入るだけの洗濯物を叩き込んできた野蛮な洗濯にさよならを。今まで一度も目を向けたことのない洗濯表示のマークを確認する。服ごとに洗い方、洗濯に適した水温、漂白剤の使用可否などが細かく決められているのに今さらながらに気付く。マッチングアプリで相手のプロフィールをつぶさにチェックするときと同じぐらいの集中力で仕分けを完了。いよいよ戦闘、いや洗濯開始。

うちのベランダは建物の構造上、風の通り道になっており、洗濯物を乾かすにはもってこいの好環境だ。洗い終わった洗濯物を次々と物干し竿につるしていくと、柔軟剤のフローラルソープの匂いがベランダいっぱいに広がっていく。折り畳み椅子に座り、キンキンに冷やしたルイボスティーをクイッとやりながら、ベランダから見上げた空はこれでもかというぐらいの青空。

のどかな休日の昼下がり、大量の洗濯物に囲まれたベランダにて、大きく背伸びをする。ただただ気持ち良い。どうやら心の洗濯も完了した模様です。

そうか、私の人生のすべてはこのベランダにつながっていたのか。そしてこのベランダから、新しい人生が始まる。私は、これから続いていく私と彼女の生活のすべてに期待する。

「カチリ」

ベランダの中心で幸せを噛みしめる私の背後でイヤな音がした。振り返った先にあっかんベーをする恋人の姿が。やられた。ベランダに締め出されてしまったようだ。「くだらないことすんじゃねえよ!」と叫び出してしまいそうなシチュエーションにもかかわらず、私の心は凪のように穏やかだ。

もう少しだけ、このいい匂いのするベランダを独り占めしていたい。

やがて、ふくれっ面をした彼女がベランダに飛びこんでくるだろう。

「全然ビビんないから面白くない!」

ああ、幸せだ。

うちのベランダには抱えきれないほどの愛と洗濯物が溢れている。

村上春樹に毒づきながら白湯を飲むそれが私の「朝活」です

「村上春樹の真似っこをしてみよう」

もう何度目の挫折かは覚えちゃいない。執筆に行き詰った私は、世にも畏れ多い打開策を思いつく。売れない作家の私では、村上春樹の文章を模倣することすら難しいだろうが、その執筆スタイルぐらいは真似ることができるやもしれない。

毎朝四時に起床し、四、五時間ほどかけて原稿用紙十枚分を執筆。どれだけ調子が悪くても十枚、どんなに筆が乗ろうとも十枚しか書かないのが村上春樹のやり口らしい。

深夜にならないと集中力を発揮できない完全夜型人間の私にとっては、未知の領域の話だ。でもだからこそ試してみる価値がある。科学的な観点からも、人間の集中力がもっとも高まる時間帯は早朝だと証明されているらしい。

俗に作家という人種は、生活サイクルは各々違えども、みな自分だけのルーティンを持っている。私も作家の端くれとして、そろそろ自分のスタイルを確立しなければ。強い決意を胸に、スマホのアラームを朝四時にセットし、布団へと滑り込んだ。

それから半月ほどが経ち、ようやくわかったことがある。

「私は村上春樹にはなれない」

いや、最初からわかっていたことである。早朝から原稿とにらめっこを続けても、どうしても書けない、筆が乗らない、一文字も書けないなんて日もざらにある。これはもう性分として諦めるしかないのだろう。もとはといえば春樹も春樹だ。調子が良くても原稿用紙十枚分しか書かないなんて、ちょっと格好つけすぎだろう、いちいち癪に障る野郎だな。

ただ、早起きをすること自体は非常に気分が良い。何かと乱れがちな生活リズムもバッチリ整う。朝にフルーツを食べると体にいいと聞いて、積極的にバナナを食べるようにした。起き抜けの私がバナナを美味しそうにほおばる姿を見て、恋人は微笑ましい気持ちになるらしい。まさにいいこと尽くめ。その点に関しては「サンキュー春樹」である。

という経緯で、すっかり朝型人間になってしまった私は、「朝活」なるものを始めてみることにした。読んで字の如く、朝に活動をするから「朝活」である。仕事や学校に行く前の空き時間を、運動、勉強、趣味といった活動に充てることで、日々の生活をよりいっそう充実させようというのが「朝活」の目的である。ランニング、散歩、朝から一人カラオケ、近所の喫茶店にモーニングを食べに行くなど、自分なりの「朝活」をアレコレ試してみた結果、私が選んだのは「白湯《さゆ》」であった。

ルイボスティーを愛飲するようになってからというもの、マテ茶にハス茶にコーン茶と、あらゆる飲み物に興味津々な私。以前から気になっていた白湯に手を出すのには、絶好の機会というわけだ。「白湯」とは一度沸騰したお湯を冷ましたもので、別名「湯冷まし」とも呼ばれる。健康と美容に関心を持つ人の間ではお馴染みのものとなっており、最近ではコンビニで白湯が売られているぐらいである。

作り方は簡単この上なし、やかんに入れた水道水やミネラルウォーターを火にかけて沸騰させるだけ。湯気が上がりやすいようにやかんの蓋を取り、泡がボコボコ出始めてからも十五分ほど沸騰させ続けることが望ましい。あとは飲みやすい温度（五十〜六十度前後）まで冷まして出来上がり。

「白湯＝味がしない」と思いきや、その日の体調によって味が明確に変わる。ストレスが溜まりがちなときはしょっぱく、寝不足のときは苦く、体がむくんでいるときはほんのりとした甘さを感じる。己の体調を知るためのバロメーター、それが「白湯」である。

主な効能としては、腸内の老廃物を洗い流すデトックス効果、ダイエット補助、美肌促進、冷え性改善などが挙げられるが、果たしてその実は？

「朝活」と称し、起き抜けに一杯の白湯をキメるようになってから一ヶ月、目に見えて何が変わったというような明確な効果はまだ出ていないものの、体調がすこぶる良いことだけは間違いない。

朝は白湯、日中はルイボスティー、夜は養命酒で締めるという黄金のローテーションが完成された今、私はどれだけ健康になってしまうのか。自分が少し怖くなる。

そんな白湯が、思いも寄らぬ副産物を生活にもたらしてくれた。それは、何も考えずにボ〜っとできる「無の時間」である。やかんの中を覗き込み、お湯がグツグツと沸騰する様子を無心で眺めるひととき。沸騰したお湯が適温に下がるまでのんびり待ち続けるひととき。瞑想のような高尚なものではなく、だらしなくボ〜っと脱力するだけの時間。

中年期を迎え、人生の残りが少なくなってきたと急に焦り出し、アレもコレもやらねばと張り切る人がいる。それも悪くはないが、あらゆる責任、組織、家族、社会から解き放たれ、ただただボ〜っと呆けるだけの時間を一日のどこかで作ることも大切ではないか。

お湯が沸騰する百度の熱量で太く短く生きるより、白湯のように適度に冷ました生温い熱量で、私は長生きしたい。

しかし考えてみると、村上春樹という存在がいなければ、「朝活」ひいては「白湯」に興味を持つことはなかった。世界的作家・村上春樹の偉大さに改めて敬服すると共に、再び「サンキュー春樹！」と言わざるを得ない。

とすれば、村上春樹の著作の中には、私の人生に必要な金言がまだまだ眠っているのかもしれない。そう思って手に取った『走ることについて語るときに僕の語ること』という本の中に、こんな一文を見つけた。

〝これからの長い人生を小説家として送っていくつもりなら、体力を維持しつつ、体重を適正に保つための方法を見つけなくてはならない〟

なんと耳の痛いお言葉か。おい、春樹、こん畜生が、お前まで適正体重なんて言うのかよ。今に見ていろ、村上春樹。あなたのような文才はないけれど、あなたよりも可愛くてお肌ツヤツヤのおじさんに俺はなる。春樹よ、お前も白湯を飲め。もう飲んでたらごめんなさい。

「四月から日本の朝が変わります！」

ＴＶに映る朝の情報新番組のＭＣが元気一杯に声を張り上げる。

私は知っている。

日本の朝はそう簡単には変わらないが、自分の朝は自分で簡単に変えられる。一杯の白湯が私の朝を変えてくれたように。

キミを
愛してる
足の裏まで
愛してる

「お肌ツルツルになって浮かれてるみたいだけど……自分の足の裏見てみ？　ガッサガサのボッロボロのクッサクサだよ？　人の目につかない場所もちゃんと手入れしなさいよ」

同棲中の恋人から投げつけられる手厳しいお言葉。彼女がそう言いたくなる気持ちも少しはわかる。出会う人出会う人に「お肌スベスベじゃん！」「めっちゃ痩せてイイ感じになったじゃん！」なんて褒められることが増えてきた近頃、私はまたもや調子に乗っていた。

赤いカーディガンを上手に着こなそうとしてみたり、用もないのに「カルディ」に足を運んでみたり、喫茶店で「珈琲にはミルクも砂糖もいりません」と食い気味に言ってみたり、ちょっと値が張るカラフルな不織布マスクを愛用していたり、スマホのアラーム音を「フライ・ミー・トゥー・ザ・ムーン」に変えてみたり、あらゆる面で調子に乗っている。

実は最近、恋人からの独り立ちを画策していた。今まで様々なアドバイスをしてもらってきたが、私はもう一人でもやっていける。こうして目に見える結果を出し続けているのだ。ちょっとは私の好き勝手にやらせて欲しい。なんて生意気盛りな時期に入っていた。

ただ、彼女のご指摘通り、私の足は汚い。いつからこんなに汚かったのかは覚えていないが、気づいたときにはもう手遅れ。乾燥した皮膚の表面はガサガサのゴツゴツ。幸いにもジュクジュク水虫には悩まされていないが、足の裏のそこかしこにひび割れができ、ひどいときには出血を伴うこともある。生きていながらにしてゾンビの皮膚かのようにグロテスク。かかとの部分に溜まった角質はこんもりと盛り上がり、さながらミニクロワッサンのようだ。「ミニクロワッサンのようだ」なんて可愛いたとえをするのも、私が調子に乗っている証拠であろう。

確かになんらかの処置が必要だ。でもそれは今ではない。めったに人に見せない足の裏なんてしばらく放っておけばいいじゃないか。白湯にルイボスティーに養命酒、私の健康生活を支える〝飲み物三銃士〟の力で、そのうち自然に治る可能性だってある。彼女に何を言われようが、今は無視あるのみだ。

固い意思でしばらく放置していた私の足が、桜の季節の到来とともに崩壊を始めてしまった。足の裏一面をひび割れが覆い尽くし、皮膚の一部がポロポロと垂れ落ちる様は、まるで枯れ木のよう。普通に歩くだけで激痛が走り、近所のコンビニに行くのも一苦労。お顔はツルツルなのに、足の裏はボロボロ。美容も健康も同じ。自然に良くなることなんてめったにない。地道なケアを続けるからこそ結果が出る。当たり前のことである。

ネットや本で対処法を調べようとも思ったが、本当に困ったときこそ、身近にいる人に素直に助けを求めることが今の私には必要ではないだろうか。

「ごめんよ。忠告を聞かずに放っておいたらこんなことになっちゃった」

私の足を一瞥する彼女。愛想を尽かされるか、烈火の如く怒られるか、どっちだろう。

「お風呂上がりに足にも化粧水をつけて、そのあとにこれを塗って、その上から靴下を履いたまま寝てみて」

そう言って彼女は私にワセリンクリームを渡す。ワセリンとは石油から作られる保湿剤で、肌の乾燥を防ぐ効果がある。無知な私は、ボクシングで選手が出血した際、その傷口に塗りたくって止血をすることぐらいしかワセリンに関する知識がない。刺激が少なく、副作用の心配もほとんどないワセリンは足の裏だけでなく、髪の毛、唇、赤ちゃんの肌にまで安心して使える万能クリームだという。美容の世界には魔法のアイテムがいっぱいある。

「お肌のケアはお風呂上がりの十分間が勝負。ほら、最初は私が塗ってあげる」

そう言って彼女は、風呂上りでポカポカに茹だった私の足にクリームを塗る。足の指の隙間までしっかり丹念に。「ごめんね……」と改めて謝罪する私に「一緒に暮らすってことは、相手が嫌がることも言っていかないといけないの。そうしないと生活って成り立たないの。次からは、私の言うこと半分ぐらいは聞いてよね。誰かが怒っているときは心の中では泣いてると思いなさい。そうすれば、素直に相手の言うことを聞けるから」

「はい」

「ワセリンを塗るときはケチらずにたっぷり使うこと。あんた、貧乏臭くいろいろケチるからさ。おカネはケチっていいけど、身体にいいことだけはケチったらダメよ」


ぬるぬるしたワセリンと少々口が悪い彼女のあたたかい愛情に包まれて、私の足は徐々に回復の兆しを見せ始める。日々のフットケアは以下のような感じだ。

入浴時には足の裏専用石鹸を使って丁寧に洗い上げる。お風呂上りには化粧水とワセリンを塗り込み、かかとの部分にうるおい成分たっぷりのジェルが付いた保湿ソックスを装着して朝までおやすみなさい。これが一連の流れである。

かかとに溜まった角質対策として、ガラス製のやすりを使い、頑固な角質を直接削り落とす。ちょっと擦っただけで、これがまあ面白いぐらいに取れる取れる。白い粉末状になった角質がドカッと取れる。ビニール袋に入れたら、アッチ系の白い粉に見えなくもない。
なんて馬鹿なことを考えながらかかとを擦る。プラモデルにやすり掛けをしているかのような地味な作業である。

シートマスクならぬ足専用のフットパックなるものも試してみた。ピーリング液が入った足袋状の袋の中に、靴を履くような感覚で足を差し込み一時間ほど浸す。これだけで頑固な角質の除去に効果がある。一週間もすると、まるでヘビの脱皮のように足の裏の皮がずるりと剥ける。ホラー映画が苦手な人なら卒倒物のエグい画になるので注意が必要である。

そういえば昔、歌舞伎町にあるドクターフィッシュが体験できるスパ施設によく通っていた。人間の皮膚（角質）を好物とするドクターフィッシュが泳ぐ水槽の中に足を入れる。すると近寄ってきた魚たちが、汚れた皮脂をひとつ残さず食べてくれるという、嘘のような本当のような医療行為としてドイツやトルコでは認められている。そのころ、人生の暗黒期を過ごしていた私は、自分の足に群がる魚たちの姿を見て「俺は一人じゃない」「こんな俺でも魚の役には立てているんだ」と自分を奮い立たせていたのを思い出す。あれは治療ではなく立派なセラピーだった。ごめんよ、ドクターフィッシュたちよ、あれから私はまた足を汚くしちゃったよ。

彼女と私の共同生活にまた新しいルールが追加された。彼女曰く、私が基本スタイルとしている「裸足にサンダル」は、健康上よろしくないらしい。足の裏から発生する汗が直にサンダルに吸収され、雑菌の繁殖や悪臭の原因になるのだという。どこに行くのもサンダル、ルームサンダルで執筆、取材を受けるのもサンダル、書店巡りもサンダル、サイン会もサンダル。裸足にサンダルを履いていることが、作家であるアイデンティティだと思っていたのに。それを手放さなくてはいけないのか

というわけで、四十代にして〝靴と靴下を履く人生〟を歩み出すことになった。

その夜のこと、ベッドで気持ち良さそうに寝息を立てる彼女に近づき、こっそりと布団をめくる。そういえば、今まで彼女の足の裏をちゃんと見たことがなかったのだ。小さいころにバレエを習っていたこともあってか、カモシカのようなすらっとした足をしている彼女。その足の裏もまた清潔で美しい。愛する人の足の裏がこんなにも綺麗だったなんて知らなかったよ。その美しさに神々しさすら感じた私は、足の裏に向かって思わず両手を合わせる。

すぐに調子に乗ってごめんなさい。外面ばっかりよくてごめんなさい。つまらん意地ばっかり張っててごめんなさい。君の深い愛情に気づけなくてごめんなさい。キミの足の裏に誓うよ。もう履かない人生は終わりにする。そう、二人一緒に歩んでいこう。私たちならば、きっと儚い人生など歩まなくていいはずだから。

迷わず抜けよ
抜けば
わかるさ
脱毛だ〜!

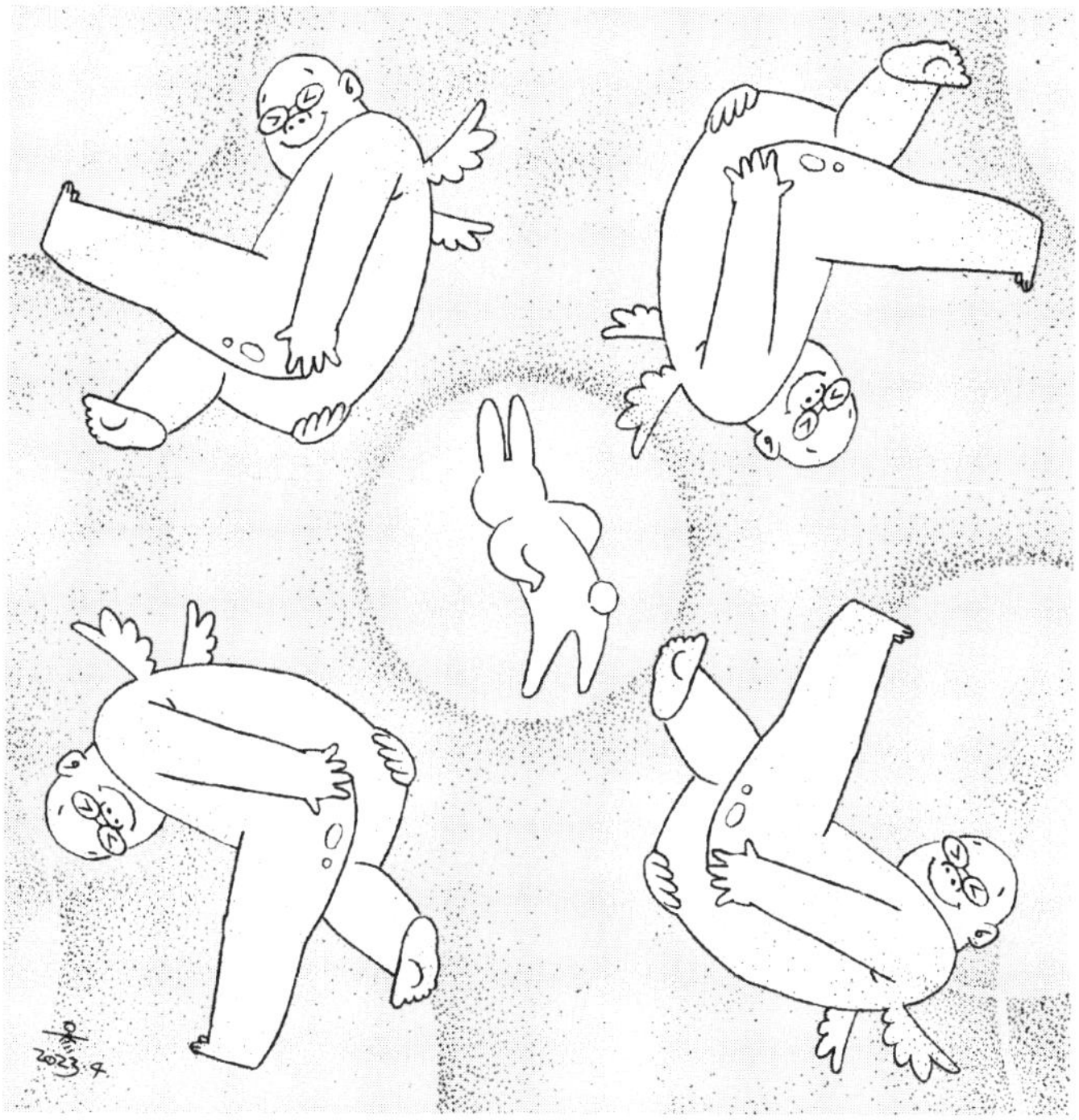

とかく体毛とは縁のない人生を歩んできた。「縁がない」というより「興味がない」もしくは「現実から目を背けてきた」と言った方が正しい。

曾祖父、祖父、父と、我が家の男性陣は代々若ハゲに悩まされてきた。四十になるころにはみな綺麗な禿げ頭、父にいたっては、二十代後半にしてつんつるてんという具合だ。

息子の将来を案じた父は、私がまだ小さいころから「若いうちに坊主頭にしておいた方がいいぞ」と口うるさく言っていた。早くから周囲の目を坊主頭に慣れさせておけば、多少髪が薄くなっても、それほど目立ちはしないだろうという目論見である。お前はブサイクだとかハゲになるぞとか親父は我が子にロクなことしか言わない。

高校生ぐらいでハゲの兆しをにわかに感じ始めた私は、二十代にして残りの人生を坊主頭で生きていくことを決めた。父の忠告を素直に受け入れたというよりは、敬愛してやまないプロレスラー武藤敬司がスキンヘッドになったことも決断の決め手となった。

かくかくしかじか、もう二十年以上も坊主頭を続けているわけだが、快適この上ない。週に一度、バリカンを使って自らの手でちゃちゃっと手入れをするだけで散髪は事足りる。時間にして三十分もかからない。美容院や整髪料にかかる費用、毎朝のスタイリングに費やす時間とは一切無縁の生活。頭頂部と前頭部の毛量が若干寂しくはなってきたが、親父の見立て通り、周囲の人はそんなことはさほど気にしていないご様子。薄毛が進行した場合は大人しくスキンヘッドにすればいいだけの話なので、なんの不安もない。

自室の床に新聞紙を広げ、全裸になってその上にあぐらをかく。文字通り「裸の自分」と向き合う瞑想に近い静かなひととき。髪の毛と共に己の欲や雑念も一緒に剃り落としているかのようなスピリチュアルな儀式。週に一度の散髪は、私にとって欠かすことのできないリラクシングタイムになっている。

だが、髪の毛はそれでいいとしても、体毛の処理は美容の面でもエチケットの面でもデリケートな問題である。鼻毛に髭と他人の目につく箇所には気を遣っているが、服で隠れる部分に関しては完全放置状態だ。剛毛というわけではないが、胸、腋、腹、背中、太ももにアンダーヘアと全身をくまなく覆う体毛はクマそのもの。これをどうにかできないものか。

脱毛に興味を持ち始めたのには理由がある。最近の私の美容活動、実は少しマンネリ気味、いやスランプに陥っている。

四十歳になるまでセルフケアのセの字もしてこなかったこともあり、化粧水、シートマスク、ルイボスティー、フットケアなど、何かに手を出せば、そのたびに見違えるような効果があったのに、ここ最近はすっかりナリを潜めてきた。安定期に入ったといえば聞こえはいいが、モチベーションが大きく低下しているのを日々感じる。焦りからか一度は捨てたはずの炭酸飲料やカップ麺への欲望が蘇り、いつ暴飲暴食をするかもわからぬ始末。結果が出ない不安から身の丈に合っていない高級化粧品に手を出しかねないところまで私は追い詰められていた。

とにかく、目に見える結果が欲しい。ならばもう体毛の処理をするのが一番だ。元々あるものを無くすわけだから、嫌でもその効果を実感できるじゃないか。これも何かの巡り合わせ、長年放置していた体毛を、この際一気に処理してしまおう。

エステやクリニックに通うのは気恥ずかしいし、何よりお金をかけたくない。まずは自分でできることから始めてみようと、市販のT字型カミソリでムダ毛処理に挑戦するも、結果は最悪だった。元々敏感肌ということもあって、カミソリ負けをしてあちこちが真っ赤になってしまった。

お次に登場するのが脱毛クリームである。千〜五千円で購入出来てお財布にも優しい。使い方もいたって簡単で、気になる場所に脱毛クリームを薄く塗り、五分程度放置した後、付属品のスポンジでクリームを取り除く。すね毛で試してみたところ、あれだけ生い茂っていたすね毛が面白いように取れる取れる。消しゴムのカスのように取れる取れる。最後にぬるめのお湯で綺麗に洗い流すとツルピカの肌が目の前に現れる。そうそう、こういうわかりやすい結果を私は欲していたのだ。

ただ、脱毛クリームは「毛を抜く」のではなく「毛を溶かしている」だけなので、毛根から根こそぎ処理をしたいのであれば、ブラジリアンワックスのような脱毛ワックスを使うか、専門のサロンにて永久脱毛を試みるしかないらしい。だが、今の私はこれぐらいの成果で充分満足だ。いつ無くすのかではなく、いつでも無くすことができるという安心感があれば大丈夫だ。

胸、腹、すね、太ももとツルピカになった肌を愛しく撫でているうちに、禁断の領域であるアンダーヘアにも手を出してみたくなった。酔った勢いに任せての愚行や、プレイの一環として何回か剃毛をしたことはあるが、美容のための処理をするのは初めてだ。

アントニオ猪木よろしく「迷わず行けよ、行けばわかるさ、バカヤロ〜！」の掛け声と共に男性器のまわり、肛門のあたりに脱毛クリームを塗りたくる。む、なかなか上手くいかない。

性器のまわりはある程度綺麗になったのだが、目視がしにくい肛門まわりの部分はかなりの取りこぼしがある。ふむ、どうしたものか。

「そろそろ見てらんないから、手伝ってあげようか？」

あれやこれやと体勢を変えたり、手鏡や三面鏡を使ったりしてケツ毛の処理に四苦八苦している私を見かねて、同棲中の彼女が声をかけてくる。

「え……いや、もう少し自分でやらせてください……」

「あ、そ、じゃあ必要になったら声かけてね」

悪戦苦闘の末、ブレイクダンスのように全裸で床をくるくると回ったり、シルク・ドゥ・ソレイユを彷彿とさせる奇怪なポーズに挑戦したりするなどした挙句、私は彼女に救いを求めた。

「じゃ、四つん這いになってお尻こっち向けて。ほら、自分で思いっきりお尻広げて！」

ああ、懐かしい。ひとつ屋根の下で一緒に暮らしていると徐々に失われてしまう「恥ずかしい」という感情が蘇ってきた。もうお互いの裸を見てもなんとも思わない関係だったはずなのに、ケツ毛の処理をお願いするだけで顔から火が出るほど恥ずかしい。私たちの将来をより良いものにしていくためにも、こういう恥ずかしいことをたくさん見つけていくのも大事なんじゃないか。恥を共有し合えることこそ〝愛〟なのだ。〝恥〟と〝愛〟は常にイコールなのだ。

馬鹿になれ
とことん馬鹿になれ
恥をかけ

とことん恥をかけ
かいてかいて恥かいて
裸になったら見えてくる
本当の自分が見えてくる
本当の自分も笑ってた
それくらい
馬鹿になれ

愛する女に肛門まわりをいじくられながら、頭の中でアントニオ猪木の詩を反芻する。猪木さんの教えはやっぱり間違っちゃいなかった。脱毛を通じて私は真実の愛を知ることとなったのだ。

という具合に脱毛に関しては一通り試してみたので、今度は逆に毛を増やしてみようと思った。久しぶりに髪の毛を伸ばしてみよう。何十年も伸ばしていないので、いったいどんな状態になるのか想像もつかない。増やしたり減らしたりでここまで一喜一憂できるのだから、使いようによっては「体毛」というものは面白い玩具になるもんだ。

一ヶ月半後、生まれたての赤ちゃんのようなスカスカの私の頭を見て、「あら、可愛いでちゅね～ボクは何歳なの？」と恋人が私を小馬鹿にする。顔を真っ赤にして私は「……よんじゅうさんちゃい」と答える。

また……二人だけの恥ずかしい秘密がひとつ見つかった。

富士そばの客の中で私の眉毛が一番格好良い

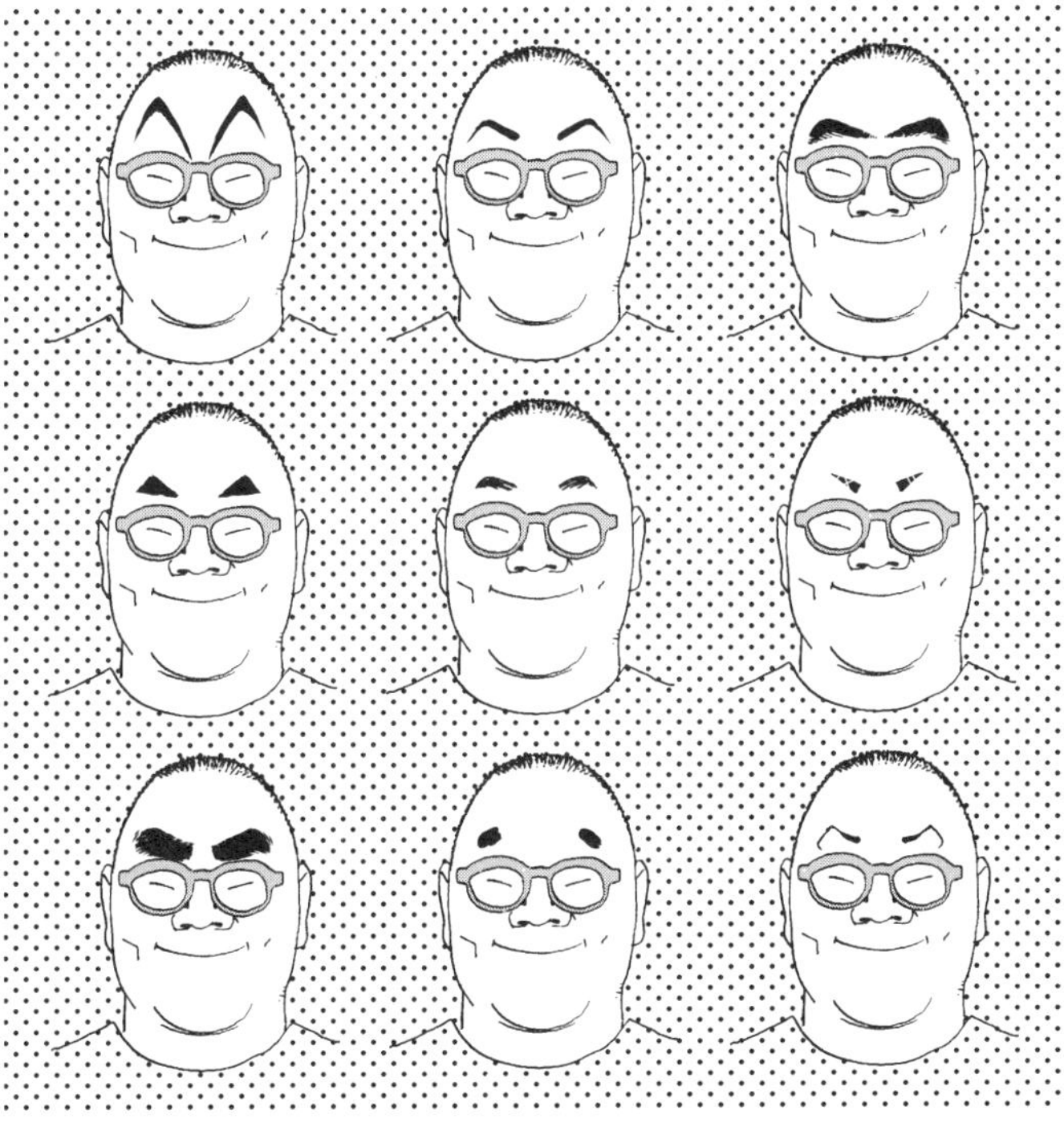

ムダ毛処理に興味を持ち始めてからというもの、自分の体のある部分がどうにも気になって仕方がない。

それは〝眉毛である。

坊主頭、太っちょ体型、丸眼鏡、サブカル系のド派手Tシャツに身を包んだいかにもなルックスに加え、過去の己の恋愛や恥ずかしい体験をあけすけに綴ることを得意とする（正しくはそれしかできない）ボンクラ中年作家の私。見た目なんぞ気にせず、ありのままの自分を晒すところこそが、私にだけ許された生きざま、それこそが一種の美徳であると信じ、己の容姿にできるだけ無頓着に生きてきた。「整い過ぎた花は単調でつまらない」って生け花の偉い先生もTVで言っていた。そう、手入れがされていないものにこそ真の美しさが宿るのだ。

そんな凝り固まった私の偏見を、たった一本の化粧水が大きく変えた。四十路で美容に目覚めてからというもの、日々変わっていく自分の姿を鏡で見ることが何よりも楽しい。

聞け、世のおじさんたちよ。「だらしなさ」と「格好良さ」は似て非なるものだ。誰に頼まれたわけでもない「無頼漢」を気取り、変わらぬ自分を愛し続けるのって、実はとってもダサいことなのかもしれない。そろそろ都合のいい自画自賛はやめにしよう。

だから私は、この散々伸ばし放題にしている眉毛を整えてやろうと思った。

過去、何度か眉毛の手入れをしたことはある。ヴィジュアル系バンドに憧れていた高校生のころなんかは、音楽雑誌のアーティスト写真を参考に、見様見真似の超極細眉毛にしていた。

トークイベントやサイン会のような人前に出る機会には、眉毛を若干整えることはあったが、百キロを超える巨体に坊主頭、黒マスク、そこに極細眉毛が合わさると、それはもう初犯の顔ではない。この風貌の男に職務質問をしない警察官がいたら、立派な職務怠慢である。

認めよう。私には自分で眉毛を整えるための技術がない。解決の糸口すらわからない。そこで私は、男性専用の眉毛サロンを頼ることにした。困ったときは専門家に聞くのが一番であるし、実はちょっと前から興味があったからだ。

初めて「ホットペッパービューティ」にアクセス。私は今、最高のエロ動画より最高の眉毛サロンを知りたい。あれこれ検索をしてみるが、ラグジュアリーな内装の高級サロンばかりヒットする。おじさんにはちょっと敷居が高い。吉野家、ブックオフ、ミスターミニット、千円カットのＱＢハウスのように気軽に入りやすい雰囲気のお店はないものか。

ぶつぶつ文句を言いながら、小一時間ほど探し続けた結果、ようやく私の希望に近いサロンを発見。ＪＲの駅の改札を抜けたところにあるこぢんまりとした造りのお店である。ネットの情報を鵜呑みにするのは危険なので、事前に偵察に。店の前を何度も横切り、雰囲気と客層を確認。ＥＸＩＬＥのようなイケイケのあんちゃんもいなければ、ウェス・アンダーソンの映画に出てきそうな小洒落たキザったらしい男もいない。よし、ここなら大丈夫だろう。

三日後、いよいよ私の眉毛が生まれ変わる日がやってきた。ちょっとしたドッキリのつもりで、同棲中の彼女には、この件に関しては内緒にしてある。

髭を綺麗に剃り、シャワーも浴びて準備万端。下見を済ませておいたおかげで、雰囲気に飲まれることなく平常心で入店できた。店内に流れる耳当たりの良いボサノヴァミュージックが、緊張をいくらか和らげてくれる。そういえばボサノヴァで有名な小野リサって、今は何をしているんだろうか。というか小野リサってどんな顔してたっけ、なんとなく綺麗な眉毛をしていたような記憶がある。私は小野リサのような綺麗な眉毛になりたい。そんなどうでもいいことを考えながら施術開始を今か今かと待ち詫びる。

本日の担当は、私と同年代ぐらいの気さくな中年女性だった。

「男の人だって眉毛ば、ちゃんとせんといかん時代がきてますからね、ええ、ええ」という九州訛りが強い彼女の喋り方を聴いた瞬間、私は心の中でガッツポーズ。生まれて初めての恋人も、そして初体験の相手もどちらも九州出身の女性だった私にとって、初めての相手が九州の人というのは縁起が良い。

施術時間は約二十分。わずかな時間の中でカウンセリング、カット、ワックス脱毛までおこなって三千五百円という値段設定だ。リーズナブルなのかどうなのかは私にはわからない。

カウンセリングにて、理想の眉毛の形を聞かれたので、超極細眉毛じゃなければ、あとはあなたのお好みでお願いしますと一任する。

「じゃあ、坊主の人によく似合うキリっと眉毛にしましょうかね」と、まずはワックス脱毛にて余分な毛をごっそり抜いていく。「ちょっと痛いかもですよ」と前置きをしてからビリっと勢いよくテープを剥がす。うん、痛いです。結構痛いけど嘘は言っていないので怒れない。

私の眉毛が直毛な上に剛毛ということもあり、脱毛を繰り返すうちに赤い血がじんわりと滲み出す。流血か、なんだか興奮してきたな。

続けて、眉の中に潜むクセッ毛をハサミで丁寧に間引いていく。「整えるだけじゃなくて描くことの楽しさも知って欲しいので……」という店員さんのお勧めで、眉全体を覆うようにうっすらとアイメイクを施して無事に施術終了となった。

鏡に映る己が眉を見て、思わず感嘆の声を上げる。眉毛を少しイジるだけで顔の印象ってここまで変わるんだ。自分がこんなに引き締まった表情ができるなんて全然知らなかった。うん、大満足でございます。似合う似合わないより変われたことが嬉しい。

店員さんに何度もお礼を言って街へ飛び出す。生まれて初めてメガネを買ったときと同じような興奮、月並みな表現で申し訳ないのだが街が輝いて見える。やばいやばい。眉毛を整えたぐらいで、おじさん、ちょっとはしゃぎ過ぎである。急いで近くの「富士そば」に駆け込み、この世で一番阿呆で、そして一番美味しい食べ物として有名なカレーかつ丼を食す。そしてその後はパチンコ屋で不毛な玉遊びに興じるなど、とにかく俗にまみれることで、心の平穏を保つ。

だが、そのたびに気づいてしまうのだ。富士そばにいる客の誰よりも、パチンコ屋の客の誰よりも、いや、もしかしたらこの街を歩いている誰よりも、私の眉毛が格好良いってことに。

学校帰りの子供たち、カフェにたむろする若者たち、疲れた顔したサラリーマン、お近づきになりたくない強面の男、女子高生、街ゆく人々の顔よりも眉毛が気になって仕方がない。見たい、もっと見たいんだ、もっといろんな眉毛を私に見せてくれないか。そうか、こうやって自分だけじゃなく、他人の容姿にも興味を持つことが美容を楽しむ醍醐味でもあるんだな。

さあ、そろそろお家に帰ろう。愛する恋人に、生まれ変わったこの眉毛を見てもらいたい。

さぞや驚くことだろう。

期待に胸膨らませて帰宅した私を待っていたのは、恐ろしいほどの塩対応、いやノーコメントであった。もしかして本当に気づいていないのか？

執拗に話しかけてみたり、にらめっこをして遊ぼうと誘ってみたり、手を変え品を変えアピールを続けるも、彼女の口から私の眉毛について何かが語られることはいっさいなかった。

やがて夜は更け、寂しいような悔しいような気持ちで布団にくるまる私に「おやすみ、眉毛イジったんだね。かっこいいけど私はもう少し太い方が好きかな？」という彼女のコメント。

「……気づいてたの？」

「私が美容室から帰ってきても、いつも反応が薄いくせにさ、自分のことは褒めて欲しいって目をキラキラさせ過ぎてててムカついたから仕返しをしたの」

心当たりはいくつもある。こいつだけじゃない。過去の恋人たちも皆同じように文句を言っていた。ごめんよ、みんな、私はようやく自分の愚かさに気づいた。自分の変化に気づいてもらえないことってこんなにも悲しい気持ちになるんだな。ようやく眉毛を褒めてもらえた嬉しさと謝罪の念が入り混じり、感情がオーバーヒートした私の目から涙がポロリ。

カシャッ！　その泣き顔を彼女がスマホでパチリ。

「キリっとした眉毛で泣かないでよ。面白過ぎる」と微笑む彼女から手渡されたスマホの写真を見て私も笑う。眉毛のことをもっと知りたい。もっと自分に似合う眉毛を、愛する恋人によく似合う眉毛だって知りたい。そしてこの文章を読んでいるあなたがどんな眉毛をしているのかも私は知りたいのだ。

日本の夏　美容おじさんの夏　トトロの夏

とにかく人一倍頑丈な子供だった。

厳格な父親から筆舌に尽くしがたいスパルタ教育を受けていたことが影響してか、体の頑丈さといったら、学校の、地域の、いや下手すれば日本の子供の中でも群を抜いていた可能性すらある。ドッジボールで顔面にボールをぶつけられてもケロリ。自転車で一回転するぐらい派手にコケてもムクリ。ヤンキーの先輩に腹パンをくらってもニヤリ。クラスのみんなから「鉄男」なんていう有難くないあだ名まで付けられる始末であった。

「人生を生き抜く上で大切なこと、それは自分の身は自分で守ること。大事なのは攻撃力ではなく防御力だ」

その信念を貫いてきた私が、まさか四十代になってから、ご自慢の防御力が全く通用しない相手に出会うなんて夢にも思わなかった。

その相手とは〝紫外線〟である。

お肌を健康に保つ上で避けては通れぬ道、それが紫外線対策。今年の夏を最高の夏にするために、日々のスキンケアに加えて紫外線対策にも挑戦だ。

そもそも紫外線とは、どこまで体に有害なのか。調べてみたところ、一概にそうとも言えないらしい。適量を体に浴びることで、免疫力アップや丈夫な骨の生成に役立つビタミンDの生成を助ける働きがあるし、同時にウイルスなどの殺菌にも役立つそうだ。ただ、許容量以上の紫外線を浴びると日焼け、シミ、そばかす、しわ、皮膚がんなどの原因になるとのこと。

あと驚いたことに、紫外線対策って一年中行わないといけないらしい。てっきり日差しの強い夏場にだけ気を付ければいいと思っていたのに。紫外線ってやつは、年がら年中地上に降り注いでやがるみたいだ。美容について勉強すると、目から鱗の知識がいろいろと身に付くので実に面白い。小学校ぐらいから美容に関する体験学習をもっと積極的にやればいいのにな。

有効な対策としては、日焼け止めを塗る、日傘、帽子、ストールなどで紫外線を防ぐ、紫外線の強い時間帯には外出を控えるといったものが挙げられる。

まずは基本に忠実に、近所のドラッグストアに日焼け止めを買いに行く。相変わらず種類が多くて何が何やらわからない。ここは無難にスタンダードな日焼け止めクリームを買い物かごにイン。でもせっかくなのでもう少しいろいろ漁ってみよう。坊主頭の私は、頭皮に使用できるスプレータイプのもの、さらには首回りなどに手軽に塗れるスティックタイプのものも併せて購入した。

買ったら買ったで、すぐにでも試してみたくて仕方がない。とてもじゃないが家に帰るまで我慢なんてできない。ひと気のない公園の公衆便所にて、私は買ったばかりの日焼け止めクリームに手を伸ばす。

本来日焼け止めとは、洗顔後に化粧水と乳液をつけたあとにつけるもので、外出の直前ではなく三十分前ぐらいにつけるのがベストらしいが、そんなことは気にしない。林修先生の言う「いつやるか？　今でしょ！」は、私にとっての今なのだ。

注意書きに従い、おでこ、あご、両頬、鼻、眉間、髪の生え際、首までしっかりとクリームを塗る。なんか薄いな。これでは心もとない。もうちょっと、もうちょっとだけと塗りたくるうち、鏡の前には顔中白塗の坊主頭の男が一人。山海塾にでも入るつもりか。洗面台で顔を洗い、今度は適量を塗っていく。うん、思ったほどベタベタしなくていい感じだ。心地のよい人肌の温度のバリアに包まれたかのような安心感がある。

さあ、新しい世界への船出だ。トイレの外へと一歩足を踏み出す。気温三十度を超える真夏の紫外線が矢のように突き刺さる。嫌気が差すぐらいの強い日差しのはずなのに、何だかとても心地いい。なんだろう、この不思議な安心感。何かに守られているのってこんなに落ち着くものなんだな。

照り付ける日差しの中、公園のそばの定食屋の壁に「冷やし中華はじめました」と書かれたポスターがあった。それを見た私は心の中で思う。「おじさん、日焼け止めはじめました」と。街を行き交う人を眺めながら気づく。彼らも、彼女たちも皆それぞれに紫外線と闘う戦士たちなのだと。外出前、時間をかけてメイクと日焼け止めを決めて、日々の生活を頑張っている戦士たちよ。心から尊敬します。今日から私も紫外線との戦いに参加します。戦友として、共に勝利を目指しましょう。

と、最初は感動しているものの、生粋の面倒臭がりである私のこと、日焼け止めを塗らずに外に出る日もあるだろう。そこで簡単な紫外線対策として日傘も購入しようと決めた。日傘というと、白いドレスを身にまとった美しい貴婦人が差しているイメージが強いのだが、私に似合う傘なんてあるんだろうか。

デパートに足を運ぶと、あるわあるわ、様々な種類の日傘が売り場に並んでいる。折り畳み傘もあれば、綺麗な模様をしたファッショナブルなもの、時代劇の侍が差しているような番傘タイプのものまである。紫外線をどれぐらい防いでくれるかの数値が書かれているので、それも漏れなくチェックする。

最初から奇抜なものを買うのはアレだなと思い、スタンダードなカーキ色の折り畳み傘を購入。これもやっぱり我慢できず、日傘を差して家まで帰ることに。

森高千里の「雨は冷たいけど　ぬれていたいの」のスピリッツで、少しぐらい雨に濡れた方が気持ち良いじゃないかと、多少雨が降っていても傘を差すことが少ない私。そんな私が目に見えない紫外線を防ぐために、今、日傘を差している。

この日傘の効果が白眉である。男が日傘を差すのはちょっと……なんて思っている人よ、そんなことを気にしてはいけない。日傘は凄いぞ。今後も温暖化が進むであろうこの地球で、日傘を差さないものから先に死んでいくのではないかと思うぐらい快適だ。日傘の凄さに感動し、鼻息を荒げながら交差点で信号待ちをしていると、私のとなりに、学校帰りの子供たちが横並び。日傘を差しているおじさんが珍しいのか、こちらにチラチラと目をやる子供たち。そのうちの一人が私に対してこう言った。

「おじさん、トトロみたいに傘差してやんの！　トトロだ。トトロおじさんだ！」

いつもと違う夏が始まる。日本の夏が始まる。トトロの夏が始まる。

化粧水に
酒風呂
酒粕パック！
日本酒って
美容にも
いい‼

「健康」を語る上で避けては通れぬテーマ。それは〝お酒との美味しい付き合い方〟ではなかろうか。「酒は百薬の長」という言葉があるように、適量のお酒を嗜むことはどんな良薬よりも体に良いと言われている。でも人生には、記憶を失くすぐらい酒に溺れたい夜のひとつ、ふたつ、みっつ、よっつ、いつつ、むっつぐらいは誰にだってあるものだ。私にはある。ななつ、やっつ、ここのつ……。

気のおけない仲間と始発まで飲み明かし、帰宅後に熱々のシャワーを浴び、何事もなかったような顔でそのまま仕事に向かう。若いころには当たり前のようにできていたそんな無茶はもうできない。そりゃそうだ。だって私は立派な〝おじさん〟になったのだから。

美容と健康に目覚め、四十代も半ばに差し掛かった今だからこそ、これから先の飲酒生活について再考すべきときなのかもしれない。にわかにそう思い立ち、上手なお酒の嗜み方についてて、インターネットやら雑誌やらでいろいろと調べてみたところ、思いも寄らぬ情報が私の目にとまった。

日本酒って美容にとってもいいらしい。

「飲む」のではない。お酒を作る工程で取れる酒粕を使った全身マッサージや、日本酒の成分が配合された化粧水、はたまたお酒の入った入浴剤などを用いた美容法で、驚くべき「美肌効果」が得られるらしい。ちょっと調べてみただけで出るわ出るわ、私が知らなかっただけで、日本酒を用いた化粧品って意外とポピュラーなものらしい。

手探りで美容生活をスタートさせたころ、化粧水に関する知識が全く無かった私は、少しで

ンからの卒業、そして大豆から日本酒へ。


も自分が興味を持てそうな製品を使おうと、「なめらか本舗」の「豆乳イソフラボン化粧水」を手に取った。答えは簡単。私は小さいころから豆腐が大好きだからだ。豆腐に多く含まれているイソフラボンが配合された化粧水なら飽きることなく使えるのではと踏んだのだ。

その目論見通り、今では基礎化粧品のすべてを豆乳イソフラボンシリーズで揃えるぐらいに愛用している。でも、そろそろ新しい一歩を踏み出してもいいころかもしれない。イソフラボンからの卒業、そして大豆から日本酒へ。


善は急げということで、さっそく日本酒を用いた化粧品を物色したところ、手ごろな価格で揃えられるものに、かの有名な「菊正宗」シリーズがあった。「菊正宗」といえば、創業三百六十年を超える菊正宗酒造が作る日本酒の王道中の王道の一品である。

美容の道は決して外道から入ってはいけない。何をするにしても王道から入るのが美容の極意。王道を知らずして道を上手く踏み外せると思うことなかれ。

近所のドラッグストアにて、菊正宗の化粧水(透明保湿)と菊正宗の入浴料を数種購入。併せて別のメーカーの酒粕パックに酒粕シートマスク、そしてスーパーで売っている酒粕まで大人買い。

しかし改めて思うが「菊正宗」って本当に格好良い単語だな。声に出して言いたい日本語シリーズにぜひ「菊正宗」も加えていただきたい。

まずはお風呂に入って体をきれいにしましょうと入浴料から開封。これが実に日本酒そのものといった香りで思わず腰を抜かしそうになる。開封した途端に鼻にツンとくる香り。もしかしてただの日本酒なんじゃねえのかと疑うレベルである。袋に「本品は飲めません」との注意書きが書いていなければ、試しに飲んでいたと思う。注意書きって大事である。

浴室いっぱいに広がったかぐわしい香りを胸いっぱいに吸い込み「ぷい〜！」と日本酒をクイっとやるときと同じ声を出してしまう。

調べてみると、日本酒（清酒じゃないとダメらしい）をそのまま湯船の中に入れる「酒風呂」を楽しんでいる人も多いそうだ。日本酒に含まれる成分により保湿効果がグンと高まり、それと同時に血行促進作用が冷え性の改善にもつながるのだという。

菊正宗の風呂に肩までつかり、物思いに耽る。

思えば、我が家は酒に呪われた家系である。前にも書いたが、私の祖父と父は、お酒が原因で警察の御用になってしまった。あいつらみたいにはなるまいと思いつつも、体に色濃く流れる酒好きの血にはあらがいようもなく、若くして私も酒を愛し、そして酒に溺れたものだ。

大学の飲み会では、記憶を失くすなんてことはしょっちゅうで、「世界で一番強いのはプロレスなんだよ！」と絶叫しながら極真空手部の部室に全裸で殴り込みをかけたこともあれば、飲み会の翌朝目覚めると、路上で一夜を明かした私の隣に見知らぬ女性……ではなくてバス停が添い寝をしてくれていたこともある。おそらく酔った勢いで押し倒したのだろう。しかもどういうわけか、そのバス停には女性用の衣服が着せられていた。バス停とのワンナイトラブはいくら思い出したくても思い出せない。いや思い出さない方がいい。

以上のように、お酒に関する失敗談は枚挙にいとまがなく、私の暴れっぷりを伝え聞いた祖母は「親子三代でお酒で手錠をかけられるところなんて見とうない！」とおいおいと泣き崩れる始末。生粋のお婆ちゃん子である私は「せめてお婆ちゃんが死ぬまでは、お酒を飲みすぎないようにしよう」と心に強く誓ったのであった。

あれから二十年ばかり、祖母はまだまだ健在で、今年で御年九十九歳を迎える。いつになれば私は、心ゆくまでお酒を飲むことができるのだろう。婆ちゃん、ちょっとは空気読んでくれと半分本気で思っていたところ、どうやら私は、お酒との新しい付き合い方を見つけてしまったようだ。

婆ちゃんよ、あなたの孫はお酒を飲むんじゃなくて、お酒で綺麗になることを覚えました。孫の代にして、ようやく我が家はお酒の呪いに打ち勝つことができそうです。

話が横道に逸れて申し訳ないが、お酒にだらしがない人は、ＹｏｕＴｕｂｅにて、日本酒ができるまでの工程を追った動画をぜひ見て欲しい。杜氏さんたちがどういう思いを込めて、どれだけ手間暇かけて極上の日本酒を作っているのかを記録した素晴らしい映像である。これを見ても、あなたは杜氏さんたちに言えるのか。

「お酒を飲んでいたので何も覚えてません」

「お酒の勢いを借りて好きな子に告白しちゃいました」

「お酒の席なんで無礼講でしたし……」

この動画の杜氏さんたちの澄んだ目を見ても、おまえらはまだそんなことが言えるのか。お酒の力を借りた愛の告白なんて本当の愛の告白じゃない。大人なら、「喫茶室ルノアール」で食後に出される熱いお茶を飲み干して告白しろ！

どれだけみっともなく酔っぱらってもいいじゃないか。酒の席での失敗をお酒のせいにしなければいい。本当に好きなものを言い訳に使ってはいけないのだ。ただ飲んで、気持ち良く酔っぱらう、それが「お酒を嗜む」ってことじゃないのか。

閑話休題。

体が充分あったまったところで、最近読んだMEGUMIさんの美容本にも書いてあった酒粕マッサージを試してみる。お風呂に浸かって柔らかくなった肌に、スーパーで買ってきた酒粕をひとつまみしては塗り塗り、ひとつまみしては塗り塗りと全身くまなく塗り込んでいく。

菊正宗の入浴料と同じく、酒粕からもお酒特有のツンとくる匂いが立ち昇る。なんだか自分の体が粕漬けにされているような錯覚に陥る。染みろ〜染みろ〜体の芯まで染みわたれ〜。あまり時間を置かず、体についた酒粕をシャワーで洗い流す。ボディシートや冷感スプレーを使ったときの過度な爽快感とは違い、程よくちょうどいい爽快感がたまらない。確かにこれはクセになるな。スーパーだけでなく、街の酒屋さんで売っているもの、いろんなお店の酒粕を試してみたくなる。

全身がスッキリしたところで、お待ちかねの酒粕パックを顔に塗りたくる。泥パックのように丁寧に広げ、顔一面を酒粕で覆い尽くす。十分から十五分ほど放置して水で綺麗に洗い流す。もうここまでくるとお酒を飲むよりも、お酒を身体に染みこませる方が楽しい。

作家の癖に本を全く読まない私が、初めてちゃんと読めた本、自分も何か文章を書いてみたいという気持ちになった本、私の運命を変えてくれた本のことを思う。それは、アルコール依存症患者の入院生活を作者の実体験をもとに赤裸々にユーモラスに描いた、中島らもの『今夜、すべてのバーで』である。文庫本がボロボロになるまで何度も読み返し、自分もこの本の主人公のような、だらしないけれど、どこか人間味溢れる格好良い酒飲みになりたいものだと、そんな青臭い思いを何度馳せたことかわからない。

私は中島らもにも、チャールズ・ブコウスキーにもなれなかったが、それでよかった。人間は自分にないものをもった人に憧れる生き物なのだ。私には最初から向いていなかっただけの話だ。これからは安心して身の丈にあった量のお酒を飲んでいこう。ステキな酔っ払いにはなれなかったけど、お酒の力で美しくなってみせよう。

「美味い酒ってのはただ飲むだけじゃない、美味い酒ってのは美容にもいいもんさ」

自分の美しさに酔いしれるような、ちょっとナルシストな言葉を吐いてみる。うん、これも向いてない。

ただ爪を切る
のではなく
爪と共に
生きてみよう

「爪切男（つめきりお）という名前の割に私の爪は汚い」

爪切りメーカーとスポンサー契約を結んでいるわけでもなし、自分の爪がどれだけ汚かろうとも、私の人生にはなんの影響もない。「我こそが爪切男だ！」という訳のわからぬ自尊心を持ち合わせているわけでもなければ、なんなら爪を切っている最中は、自分が爪切男だということをすっかり忘れているぐらいだ。

取材を受けたときに「爪を切り過ぎて深爪していませんか？（笑）」とか「やっぱり爪にはこだわりを持っているんですよね？」という具合に〝爪トーク〟を強要されることも数知れず。もはやセクハラならぬ立派な〝爪ハラ〟である。

「爪切男」という素っ頓狂な名前を名乗っておきながら、その名にも、爪への執着心も全くなかった私。だが、美容に目覚めた今の私にとって〝爪切男なのに爪が汚い〟というのは、とても恥ずかしいことのような気もするわけである。

良い機会なので、ペンネームの由来についても話そうと思う。今から二十年以上も前の話だ。当時大学生だった私は、出会い系サイトで知り合った人生初の彼女との恋にどっぷりと溺れていた。デートやセックスもいいが、それよりも楽しかったのは、毎晩夜明け過ぎまで続く彼女との長電話だった。どうでもいい話題で連日朝まで笑い合える人と自分は付き合っている。その愛の奇跡を認識できる至福のひとときであった。

だが、幸せと引き換えに毎月の携帯電話料金は膨らみ続け、ついにその金額は五万円を超えるまでに。「学割」や「かけ放題」といったお得なプランが全くない時代の話である。嗚呼、日本育英会から毎月支給される奨学金が彼女との電話代に消えていく。

困窮した私は「ボイスチャット」なるものに救いを求めた。Ｙａｈｏｏ！ＪＡＰＡＮが運営していた「Ｙａｈｏｏ！チャット」は、パソコンのサイトを通じて無料で好きなだけ通話が楽しめるという画期的なコミュニケーションツールであった。サービスを利用するには、Ｙａｈｏｏ！ＩＤの登録が必須であり、そこでこの世に生まれたのが「tsumekiriman」という名前だった。

「あんた、爪切男ってＩＤにしいよ。なんでって？　今ちょうど爪切ってるからよ。ほら、英語にしたら格好良いじゃん」という彼女の思い付きから生まれた偶然の産物。これがどうにもしっくりときてしまったのだ。親につけてもらった名前よりも、愛する女に授けてもらった適当な名前のほうが、私にとっては大きな意味を持つ。

それが所以で、ゲームサイトにショッピングサイトなど、ありとあらゆるサービスのニックネームを「爪切男」で登録している。宅配ピザを利用するときのニックネームは「ピザ切男」にするなど遊び心も忘れない。

作家デビューを控え、改めてペンネームを決めるとなったときも、私の心に迷いはなかった。だって私は、爪切男になるために生まれてきたのだから。

改めて言おう、私は爪切男。この名に恥じることのない綺麗な爪を手に入れねばならない。美容大好きおじさんの次なる挑戦、それは「ネイルケア」である。

とはいっても、いきなりネイルサロンに突撃するのは気が重い。相変わらずちょっとビビってます。なので毎度の如く、まずはネイルケアについて自分なりに調べてみる。

改めて自分の爪をマジマジと観察する。爪は〝健康のバロメーター〟とも言われ、その色や状態を見れば、現在の健康状態を事細かに知ることができるらしい。

食生活を改善したこともあってか、色に関しては健康を示す綺麗なピンク色。ただ、爪自体に大きな縦ジワが何本も走っているのが見て取れる。老化と乾燥による血行不良が原因らしい。体調が悪いとお肌が荒れるように、爪の表面も刻一刻と変化するわけだ。ちなみに、爪の根元にある白い三日月状の半月は健康状態にはあまり関係がないらしい。なんとなく綺麗な半月があれば健康だとばかり思っていたので目から鱗である。

次にお手入れの準備。まずは基本となる爪切りから。実は我が家には大量の爪切りがある。「爪切男に爪切りをプレゼントしたら面白い！」という安易な発想から、今まで爪切りを何個贈って頂いたかわからない。もらったときは「俺に爪切り？　本当にサムい野郎だな……」ぐらいのことを思っていたのだが、心からその非礼を詫びたいと思います。本当に申し訳ありませんでした。数多くの爪切りの中から日本製の有名ブランド「ＳＵＷＡＤＡ」のニッパー爪切りをチョイス。こんなタイプのものがあるなんて全然知らなかった。

続けてネイルケア用品のリサーチ。爪の形を整えて艶を出すもの、爪の根元にある甘皮を綺麗に取り除くための道具、栄養クリームと多種多様なネイルケア用品がある。これらを揃えるのには多額の費用がかかりそうだなと気後れしたが、驚くことにそのほとんどが百均ショップで揃えられると知った。

で、近所のお店で購入したものが、ガラス製の爪やすり、表面の艶出しに使うネイルファイルとシャイナー、爪の生え際の皮膚を柔らかくするとともに、キューティクルを整えるキューティクルリムーバーオイル。なんと五百円ちょいでほとんどの道具が手に入ってしまった。世の中ちょっと狂ってやしないか。

適度に水分を含み、爪が良い感じに柔らかくなるお風呂上りのタイミングで、セルフネイルケアにチャレンジ。爪切男、自分の爪を愛でて、愛でて、愛でまくります。

まずはニッパー製の爪切りで、伸び放題に伸びた爪をパチパチと切っていく。慣れないうちは、刃を当てる角度や強さの調整に悪戦苦闘するも、プラモデルの部品をニッパーで切り取るときと同じ感覚でやってみると、驚くほど綺麗に爪が切れる。なんとも心地良い感覚だ。

次に、切り口の角ばった部分を、ガラス製のヤスリで整える。丸みを帯びた緩やかなカーブをイメージしながら爪を削る。ひたすら削る。綺麗に見えても爪の表面は意外とボコボコしているので、ネイルファイルとシャイナーを使って表面の凹凸を整えると同時に艶出しをする。これが驚くべき効果で、文字通り自分の爪がキラキラと輝き出す。小学校の授業で研磨剤を使って、何の変哲もない河原の石をピカピカに輝く石へと磨き上げたときにも似た高揚感だ。キューティクルリムーバーオイルを生え際から爪全体に染みこませて、軽くマッサージ。ああ、気持ちいい。自分の爪をこんなにも大切に触ったことなんて一度もなかったな。

仕上げに、同棲中の彼女から借りた薄いピンク色のベースコートを塗る。眉間に皺を寄せ、唇をとんがらせながら丁寧にゆっくりと塗って出来上がり。ニッパーやヤスリ、着色などの作業工程があったからか、ネイルケアをしたというよりもプラモデルを完成させたときに似た達成感だ。この世に一つしかない「爪切男」というプラモデルを作り上げた感覚。子供のころはおもちゃしか作れなかったのに、大人になったら自分という人間を作れるようになるんだな。

ネイルケアを始めてからというもの、日々の生活の中で、綺麗に整えられた自分の爪にふと目をやるだけで、沈んだ心がウキウキと弾み出すことが何度もあった。書き仕事に行き詰まったとき、天を仰いで絶望するのではなく、ぢっと自分の爪を見るだけで、ちょっとだけ元気が湧いてくる。

鼻くそをほじろうとしたとき、人差し指の綺麗な爪を見てニンマリしてしまう。そして鼻くそをほじった後の爪を見て思う。

「ああ、私の爪は鼻くそをほじる前も、ほじった後もなお美しい」。

「はたらけどはたらけど　猶わが生活楽にならざり　ぢっと手を見る」という石川啄木の有名な歌がある。ぢっと見た手の爪がきちんとケアされていたのなら、もしかしたら啄木はそれほど人生に悲観せずに生きていけたのかもしれない。

爪は悔しくて噛むものでも、ただ切って捨ててしまうものでもない。爪を大切にすることで、爪と共に生きることで、自分の心がちょっとだけ楽になることもある。

それに爪切男の爪がキラキラと輝いていたら、なんだかアホらしくて笑えてきませんか。自分だけじゃなくて、まわりの人まで笑顔にできるような美容、そんな美容を私は続けていきたいと思っています。

ここでキスして〜おじさんのリップクリーム狂騒曲〜

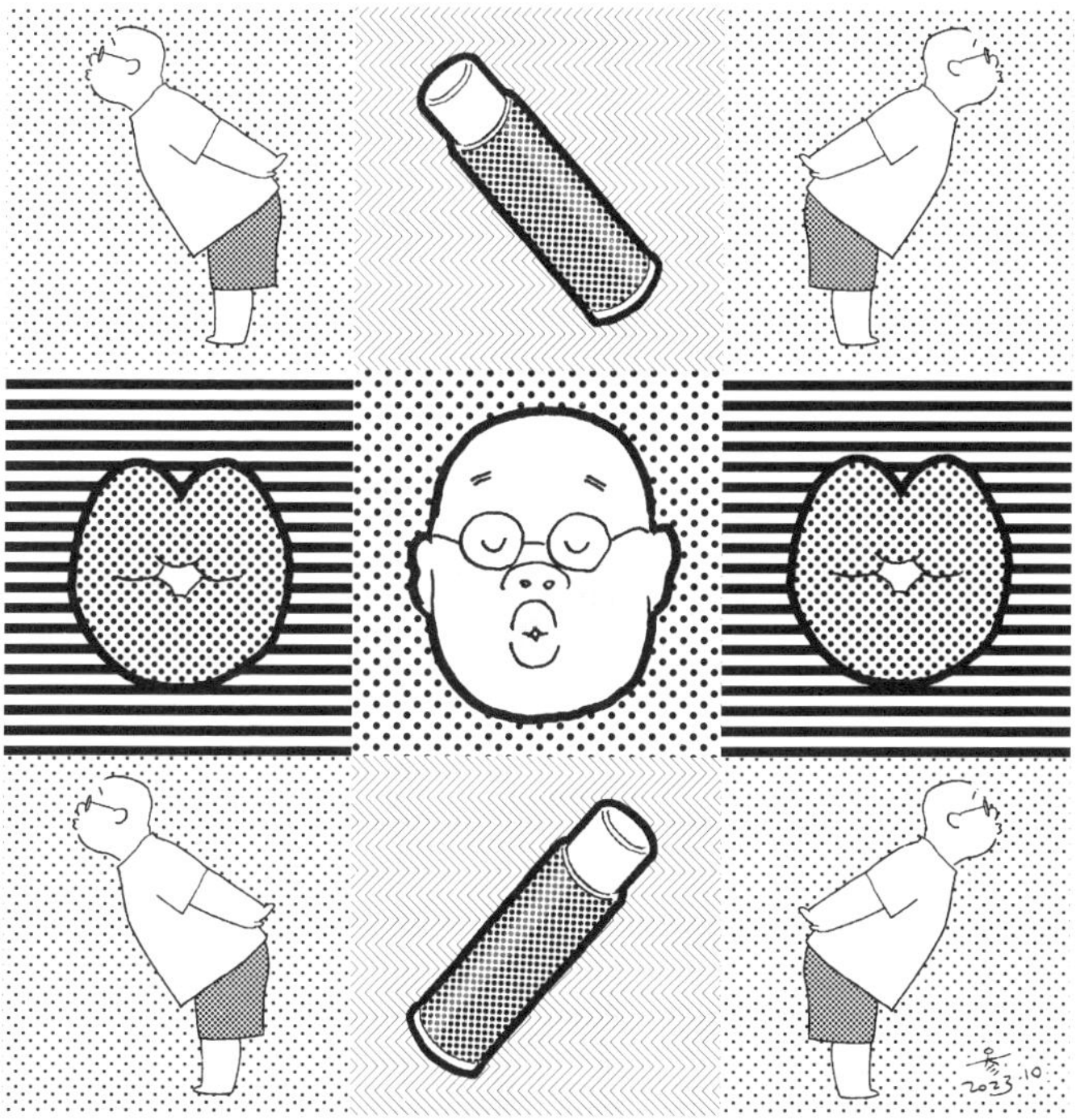

私にとって「美容」と「健康」とは、SFの世界の話であった。

ひたすら自堕落な生活を送り、今までの人生でセルフケアなど一切してこなかったおじさんにしてみれば、化粧水、紫外線対策、ルイボスティー、足の角質ケアに眉毛サロン……といったものとの出会いは、宇宙人や幽霊に出くわすのと同じぐらいの驚き、まさに〝未知との遭遇〟の連続だった。映画や小説だけの話ではない。真のSFやオカルトとは、私たちの身近な生活の中にこそ潜んでいるのかもしれない。


今回私が新たに遭遇する未知なる世界。それは〝リップケア〟である。

リップケアと言われて頭に浮かんでくるのは中学、高校時代のセピア色の原風景。秋冬の乾燥がひどい時期の休み時間や授業中、カサカサになった唇にリップクリームを塗っているクラスメイトたちの姿である。

そこまで唇が乾燥するわけでもないのに、みんなの真似をしてリップを塗ろうかなと思ったりもしたのだが、顔から首まで広がるひどいニキビに悩まされていた私は「こんなにも醜い私がリップを塗ったところで何の意味があるんだろう。顔も汚いのに唇も汚いんだねとか言われて、哀れみを受けたり馬鹿にされたりするのは辛抱できない」と泣く泣くリップクリームの購入を諦めた次第である。

そしていつしか憧れは憎悪に変わる。

リップクリームを塗るなんて行為は軟弱者がすることである。唇が多少荒れたところで命にはなんの別状もない。スティックのりの模造品などには頼らず、己の舌で乾いた唇をペロペロと舐めて乾燥に打ち勝つべし。犬だってそうしている。唇がちょっと荒れているぐらいが人間らしくていいじゃないか。金子みすゞと相田みつをもそういうことを言ってるんじゃないのか。ああ、そうか、キスか、接吻だな。キスをするときのエチケットでリップを塗っているわけか。畜生、羨ましいでございますなぁ……。まぁそんな具合にリップクリームとそれを使う奴等のことが大嫌いだった。

リップクリームの人気ブランドである「ニベア」のことも嫌いだった。「ニベヤ」なのか「ニベア」なのか知らんが、そんなものよりも「カバヤ食品」のお菓子を食え。「タミヤ」のミニ四駆で遊べ。「ニベアよりカバヤ。ニベアよりタミヤ。私の人生にニベアなど必要ない！」という強い信念から、私は一度もリップクリームを手にすることがないまま青春時代を終えることになったのだ。

ところが、美容に興味を持ちだしてからというもの、自分の唇の汚さが気になって仕方がない。中年に差し掛かると、徹夜をしたり、ちょっと体調を崩すだけで、翌朝には唇がカッサカサのボッロボロのひどい有様である。

新型コロナウイルスの脅威もようやく落ち着きを見せ始め、マスクを外す機会も増えてきた昨今、マスクで隠れていた部分のお手入れとして、リップケアに挑戦してみるのも悪くないんじゃないかと私は考えた。そう、失われた青春をこの唇に取り戻すのだ。

相も変わらず、とにかく形から入る私は、行きつけのドラッグストアにてリップケアに関す

る商品をパパっと購入。そういえば、最近ドラッグストアで美容関連のグッズを購入すること
に何の恥じらいも感じなくなってきた。いつだって誰にだってドラッグストアは平等に優しい。
ポイントカードも作ったぞ。なんでもリップクリームには大きく分けて三つの種類があるそう
だ。唇の荒れ予防と保湿成分が多く含まれた医薬部外品（薬用）、保湿をメインとした化粧品、
荒れた唇を治療する塗り薬のような役割で用いる医薬品の三種類。

乾燥予防をメインに考えたい私は医薬部外品と化粧品を購入することに。「メンソレータム」、
「アベンヌ」、「キュレル」、「サベックス」といった有名なものから全く知らないものまで、様々
なブランドの色とりどりのリップクリームが陳列されている中から私が選ぶのは、もちろん「ニ
ベア」製品である。

ニベアのものであれば何でもよかったので、今回はディープモイスチャーメルティタイプと
スモーキーローズを購入。理由は特にない。強いて言うなら、メルティとスモーキーローズと
いう語感が気に入ったということぐらいか。

製品に記された「ＮＩＶＥＡ」のロゴを見て思わずにんまり。私もついにニベアを買えるぐ
らいの男にまで成り上がったんだなぁとしみじみ。ニベア以外にも、保湿成分が非常に高いと
されるワセリン配合の「ヴァセリン」のリップクリームとあまり見たことのないメーカーのリ
ップパックを購入。シートマスクと同様に、唇にも専用のパックがあるらしい。ないものを探
す方が難しい。それが美容・化粧品の世界である。

さて、ようやく手に入れた憧れのリップクリームだが、一日に塗る回数は三〜五回程度が適

切らしい。危ない危ない、おもちゃを買ってもらった子供のように何度も塗りたくってしまうところだった。

そして何より重要なのが、お風呂上りのタイミングでのリップケアとなる。洗顔後、化粧水やフェイスパックなどのお手入れを済ませてから、まずはリップパックを行う。今回は百円程度で手軽に購入できる「ＣＨＯＯＳＹ」のリップパックを試してみる。

袋を開けると、冗談かと思えるぐらいに綺麗な唇の形をしたパックが出てきた。プニプニした触感はまるでグミのよう、このまま食べてしまいたいぐらいである。シートマスクと同じ要領で唇の上にリップパックを装着してみると、気分はさながらマリリン・モンローである。うん、悪くない。美容にはこういうエンタメ要素もないと続けられないからな。

リップパックのやり方としては、ワセリン配合のクリームを塗り、その上からサランラップを付けるという原始的なやり方も有効らしい。私も試しにやってみたが、どうにも罰ゲームを受けているような見た目になってしまう。

唇に保湿成分を充分浸透させた後、仕上げとしてリップクリームを塗り塗り。全く知らなかったが、リップクリームを塗る方向は縦向きじゃないとダメらしい。唇の縦ジワに沿って溝を埋めるように塗らないと効果が出ないからだ。たかがリップ、されどリップ。なかなかに奥が深い。

リップクリームを塗った後の唇、普段と比べれば倍ぐらいプリンプリンしている。ポッコリ飛び出た自分の腹を触ってみる。音にするならタプンタプンといったところか。ただし唇はプリンプリン、お肌はスベスベ、爪はピッカピカ。美容と健康に執心するようになってからというもの、自分の体から発せられる音が耳に心地良いものに変わっていくのを日々感じる。

ちょっとしたメイク感覚で、スモーキーローズのカラーリップも塗ってみる。真っ赤な口紅ほど鮮やかではないが、ほんのりピンク色に染まった唇を眺めていると、「おじさんが紅《べに》なんかさしてごめんなさい」という申し訳なさと共に確かな胸の高鳴りを感じる。

上京した当初、寂しさに負けそうになったときはいつも、暗い部屋でひとり、大好きなタイガーマスクの覆面をかぶっては勇気を奮い立たせていた記憶が蘇る。そう、あのときに似た高揚感が私の体を駆け巡っている。

「タイトなジーンズにねじ込む　わたしという戦うボディ」と歌っていたのはＢｏＡだったか。今ならわかるぜその気持ち。自分の好きなメイクをして、自分の好きな服を着るだけで、人はこんなにも強くなれる。なんだってできる。どこにだって行ける。

ただ思わぬ弊害にも悩まされている。リップケアを始めてからというもの、誰かとキスがしたくてどうしようもない。同棲中のパートナーだけでは満足できない。街で素敵な唇をした人を見かけるたび、その美しさに見とれてしまい、その人とキスがしたくてたまらなくなる。

ああ、私はすっかり唇の魔力に魅入られてしまったようだ。老若男女人間動物ぬいぐるみ問わず誰彼かまわずキスがしたい。私のプルンプルンの唇をどなたか味わってはいただけないでしょうか？　何卒よろしくお願い致します。

私はかつて二重跳びの天才だった

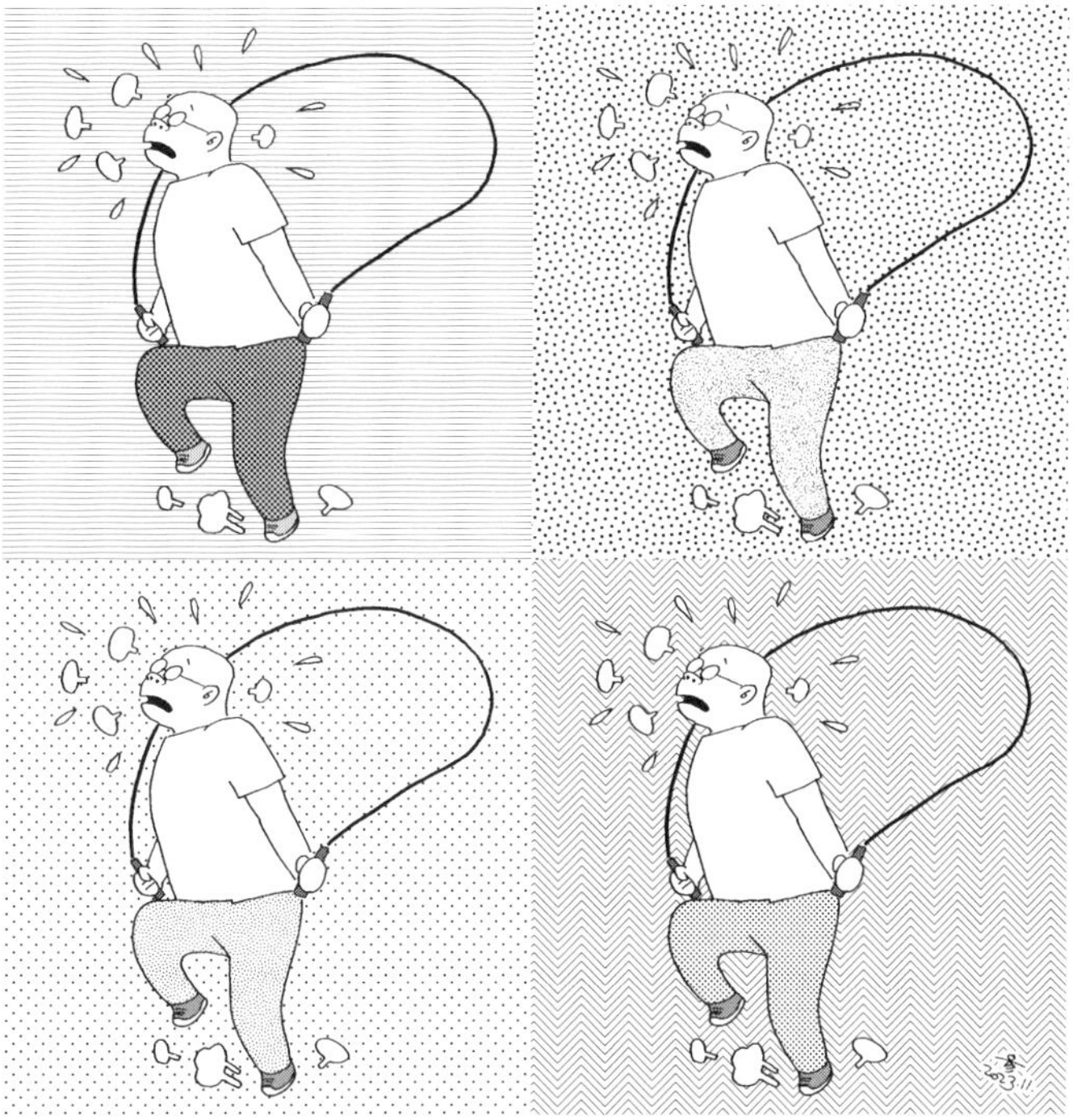

ついに山が動く。

いささか大袈裟な物言いだが、それほど言い過ぎでもない。のほほんと悠々自適に美容と健康を楽しんできた私の生活に、実にドラスティックな変化が起きようとしている。

いよいよ「運動」を始めてみようと思うのだ。

化粧水、シートマスク、紫外線対策、眉毛サロン、乱れ切った食生活の改善などにこれまで尽力してきたが、言うなればそれらはあくまで「静」の行為。真の健康を手に入れるためには「動」の行為も必要となる。そう、私には今「運動」が必要なのだ。

目下のところ、運動らしい運動は何もやっていない。百歩譲って運動にカテゴライズしてもいいこととしては、日々の散歩とレンタルサイクルぐらいか。

たまの休日、自転車にまたがり、ちょっと遠くの町までレッツサイクリング。ただし、自転車は電動自転車なので、たいした運動にはなっていない。よく知らない街のよく知らない飲食店というものは、やけに食い気をそそるので、ついついご飯を食べ過ぎては体重も一気に増加、という本末転倒ぶりである。

およそ秋とは思えぬ気温が続く毎日だが、それでも夏よりは過ごしやすいのどかな日和となってきた。久方ぶりに「運動」を始めるには、この機を逃す手はない。

運動と言われてまず思い浮かぶのは「ランニング」なのだが、初期費用がかかることから見送りとする。ランニングウェアに専用シューズに肌着類、とにかく形から入りたがる私は、これらを揃えるのにお金がかかって仕方がないのだ。

というのは大義名分であり、本当の理由は別にある。

一時期に比べれば見られるようにはなってきたかもしれないが、いまだに私は適正体重を二十キロ以上オーバーする立派な太っちょさんなのだ。ダラダラと汗を流し、ゼイゼイと息を切らせて走る中年男性の醜態を人目に晒すのは若干気が滅入る。自業自得だろ、甘っちょろいこと言ってんじゃねえぞと言われてしまったらそれまでの話なのだが。

だが、そんな私のわがままに応えてくれる運動がまだ残されていた。

時間も費用もかからず、なおかつ場所も取らないリーズナブルな運動。それは「縄跳び」だ。

実は縄跳びにはちょっとした自信がある。小学生のころ、毎年秋に開催されていた校内縄跳び大会で、私は常に上位の成績をおさめるほどの腕前だった。得意としていた二重跳びにいたっては、小学校高学年のときには二百回以上は楽に跳んでいた記憶がある。

昔取った杵柄ではないけれど、縄跳びなら多少はやれると思う。

そうとなれば善は急げ、早速縄跳びを買いに行こう。百均ショップで購入できる安価なものにしようかとも思ったが、どうせならちょっとだけ良い物を買いたい。私の足はドンキの健康用品コーナーへ。費用をあまりかけたくないという先ほどの話とは全く辻褄が合わないが、それはそれ、これはこれなのである。

通常の縄跳びに加え、フィットネス用、筋力トレーニングに適した重量感があるものまで、まこと様々なタイプの縄跳びが販売されている。私が知ろうとしなかっただけで、時代と共に縄跳びもちゃんと進化を遂げていたんだなぁ。

子供のころに使っていたのは確かビニールロープ製の縄跳びだったか。赤、青、黄と色とりどりのものがあり、派手な色を使うといじめっこに目を付けられるんじゃないかと思い、地味な色の縄跳びを愛用していたのを思い出す。なんのしがらみにも囚われることなく、自分の好きな縄跳びを買える。大人になってよかった。これぞ本当の大人買いというやつだ。

吟味に吟味を重ねた結果、シックな黒のビニールロープのものを購入。ロープの中にワイヤーが通っているので、ちょっとやそっとのことで切れることはなく、型崩れもしない。グリップの部分はスポンジ製になっており手首にかかる負担も軽減される優れ物だ。これが九百八十円とは価格破壊もいいとこだ。いや、そうでもないか。

マイ化粧水、マイ爪切り、マイリップクリームに続き、マイ縄跳びまで手に入れた。残された人生の中で、あとどれだけの「マイ〇〇」を手に入れることができるんだろう。お気に入りのＴシャツとユニクロのスウェットパンツに着替え、さあ行かん、ウン十年振りの縄跳びへと。

ところが、ここで思わぬ誤算が。縄跳びをする場所として考えていた近所の公園が思ったよりも多くの人で賑わいを見せていたのだ。家族連れ、小さな子供たち、散歩を楽しむ年配者の方々など、平日でもこんな混み具合とは知らなかった。周囲の目を気にしながら太っちょおじさんがドタドタ縄跳びをするのはちょっと気恥ずかしい。よし、一旦退却だ。

自宅に戻り、ＹｏｕＴｕｂｅで縄跳びのコツを説明している動画を見ながら時間を潰し、人が少なくなる晩飯時を見計らって先ほどの公園へ。薄暗くなった公園には人っ子一人居やしない。

さあ、舞台は整った。

若干のブランクはあれども、勘はすぐに取り戻せる。あや跳び、交差跳び、二重跳び、そしてハヤブサ（二重あや跳び）や大車輪（二重交差跳び）までやってのけてみせようぞ。待たせたな、縄跳びの天才が永い眠りから目を覚ましたぜ。

ウォーミングアップとして前跳びを五十回ぐらい跳んで体を慣らすか。軽い気持ちで私はぴょんと宙に浮かんだ。

その瞬間、明らかな異変を感じた。

重い、体が鉛のように重い。両足首に鉄球を付けられているかのような重力を感じる。重さに耐えきれず両膝がグラグラと揺れ、悲鳴を上げ始める。子供のころはピョンピョン跳べていたはずが、今ではドタバタ大騒ぎ。まだ十回ぐらいしか跳んでいないところで「ぐへぇ」と情けない声を出しながら、地面に前のめりに倒れ込む。

……危なかった。

あのまま無理に跳び続けていたら、マズイ形で地面に着地をして、アキレス腱を切るぐらいの大けがをした可能性も十分に考えられる。

私は大きな勘違いをしていた。

美容と健康に気を遣った生活をしているからって、若いころと同じように体が動くわけではない。それは全くの別の話だ。たかが縄跳びだって舐めてたら痛い目に遭う。

気を取り直し、屈伸、伸脚、アキレス腱伸ばしといった準備体操を入念に行う。若いころは、ラジオ体操も含めこんなもんになんの意味があるのかわからなかったが、オッサンになってはじめて準備体操の大切さを思い知る。運動だけじゃない、仕事でもなんでも大概のものは事前の準備の段階でほぼケリがついている。

入念なウォーミングアップを終えた私は、再びマイ縄跳びを手に取る。もう慢心はない。ただゆっくりと確実に前跳びを繰り返すのみ。「フッフッフッ……」と小刻みに呼吸をしながら宙を跳ぶ。この身体の重さこそが今までの自分の不摂生のツケなんだなという後悔。もうそんなに頑張らなくていいじゃないか、ほどほどでやめちまえよという悪魔のささやき。あ、そういや電気代の支払いまだだったな。さっき道ですれ違った金髪の姉ちゃん可愛かったな。今日の晩飯は余っている野菜を全部使って焼きそばにしようかな。

子供のころは何も考えずにただ「楽しい」という気持ちだけで夢中で跳んでいたはずなのに、大人になった今は縄跳びをしながらいろんなことを考える。運動ってそういうしがらみから一瞬でも解き放たれるもんだとばかり思っていたら、そう簡単にはいかないみたいだ。


前跳び三十回のあと後ろ跳び三十回の一セットをローテーションするうちに身体は熱を帯び、体に乳酸が溜まってくる。久しぶりだな、この感じ。一種のナチュラルハイ状態に陥った私は、このままの勢いで二重跳びに挑戦をしてやろうといきり立つ。

「昔のようにまた二重跳びを跳べたら、新しい自分に生まれ変われそうな気がする」

気合を入れ直し、グリップを握る両手に力を込めたところで、同棲中の恋人の顔がよぎる。もし着地に失敗してしばらく歩けなくなったりしたらあいつ怒るだろうな。それともこんな私のために泣いてくれるだろうか。

そんなことを思うと、なかなか踏ん切りがつかなくなる。これはあれだ。天才プロレスラー武藤敬司の引退試合のワンシーンと同じだ。武藤の代名詞ともいえる「ムーンサルトプレス」を飛ぼうとコーナーポストに昇った際に、両膝に爆弾を抱える武藤は「家族の顔がちらついて……飛べなかったよ」と自分の必殺技を出せないままにリングから去った。

プロレスと縄跳び。シチュエーションはまるで違えど、あのときの武藤の気持ちが私にも少しわかった気がする。もう無理なんてしなくていい。限界なんて追わなくていい。今の自分にできることを精一杯続けることが大事なんだ。大切な人に心配をかけてまで手に入れたいものなんてそんなにないはずだ。

若いころに比べて体力が落ちたとか、できないことが増えたとか、そんなことをいちいち嘆く必要はない。できないことがあるからこそ、できることを工夫してやっていくんだ。できないことは誰かに頼ってもいい。それが新しい生活、新しい人生に変わっていく。インターネットや巷に溢れる「少しずつでもいいから前に進めばいい」とかそういうポジティブな言葉や風潮はもううんざりだ。前に進めなくてもいい、後ろを振り返る余裕がなくてもいい。縄跳びを跳ぶようにその場でピョンピョンと跳び続けることが大切なんだと私は思う。

結論、できないことが増えてからのほうが人生は楽しい。ゆえに私の人生はこれから先もずっとずっと全盛期なのだ。

久しぶりの縄跳びは私に大切なことを教えてくれた。でも本音をいえば、もうちょっと練習をして二重跳びには再チャレンジしたいと思っている。

ライト・オン・マイ・ファイア
〜お灸に火を点けて〜

子供のころ、〝100円ライターの火〟が生きる支えだった。貧しい家庭に育ち、甘えさせてくれるはずの母親は三歳の私を置いて家を出ていった。孤独な日々を生き抜くため、幼き子供には、何かひとつでも心の拠り所が必要だった。私にとってのそれが〝100円ライターの火〟だった。

「玩具の代わりにでもして遊べぇ」と親父から渡された使い古しの100円ライター。カチッカチッとスイッチを押すだけで、オレンジ色の火がボウッと燃え上がる。まるで魔法使いにでもなったみたいだ。右に左にライターを動かしてみる。ゆらりゆらりと揺らめく火のなんと美しいことか。切望していた心地よい人のぬくもりとは全くの別物だったが、神秘的かつ猛々しい火の魅力とあたたかさは私の傷ついた心をじんわり癒やしてくれた。火を見ているだけで私は幸せだった。まさに希望の灯であった。

歳を重ねるにつれ、信仰にも近かった火への憧れも徐々に薄れていった。とはいえ、煙草を嗜むようになってからも、ニコチンを摂取するためというよりは、ライターの火を愛でるのも兼ねて煙草を吸っていたような気もする。

焚火が燃えるだけの映像を撮影したDVDがヒーリングソフトとして巷で大人気というのも頷ける。なんとも説明しがたい魅力、不思議な癒やしの効果を火は持っている。

今回は、そんな火を使った健康法を試してみようと思う。それは「お灸」である。かのダルビッシュ有投手も登板前には必ずお灸を使用しているなど、様々なスポーツ選手がお灸を愛用しているらしい。

お灸の歴史は非常に古く、今から二、三千年以上も前から中国では医術として用いられていたそうだ。人間の体に無数に存在するツボにピンポイントに熱を与えることで、冷え性、肩こり、むくみ、内臓疾患といった体の不調を緩和する働きがあるという。

背中や肩にこんもり盛ったもぐさ（乾燥させたよもぎの葉）に火を点けて……という鍼灸院で受けられる本格的なものではなく、自宅で簡単にできる「セルフお灸」に今回は挑戦してみる。なんでも家でできるに越したことはないのだ。

セルフお灸の代名詞として有名なのは、誰でも一度ぐらいはその名を聞いたことがあるであろう「せんねん灸」シリーズである。円い台座の上に円柱型に巻かれたもぐさが立っており、それに火をつけて使用するという簡単な造りとなっている。台座を介することで熱の伝導が適度に抑えられるので、火傷などの心配は皆無。台座の下はシールのような接着面になっているので、ツボの位置を外さずにピタッと貼り付けられるという優れものだ。

では、お灸はどこに売っているんだい？　と探してみたところ、近所のドラッグストアにわんさかと売られていた。もう何回書いたかわからないが、ドラッグストアにはアレもコレも何でも売っている。

せんねん灸にもいろいろとバリエーションがあり、発生する熱の強さで数種類、室内で使うことを考慮した煙が全く出ないタイプ、火を使わずにツボの上に貼り付けるだけのシールタイプ、もぐさの匂いが苦手な人のためにレモンやピーチといったフルーツのフレーバーが立ち上るお灸まで売られていた。伝統を守ることも大切だが、時代に合わせてそのあり方を柔軟に変化させるせんねん灸、まことにおそるべし。

せんねん灸以外にも様々な会社のお灸が多種多様に販売されていたのだが、今回は一般的な「せんねん灸オフ　にんにくきゅう 近江」と煙が出ないタイプの「せんねん灸の奇跡」を購入。初心者は熱量が少ないものから始めろとのことだが、熱量が一番高い近江を迷わずセレクト。一度きりの人生、微熱なんかじゃ満足できねえ。どうせなら激熱からはじめよう。

準備しておくものとしては、せんねん灸、ライター（「チャッカマン」が使いやすい）、ツボの位置をマーキングするサインペン、使い終わったお灸を処分するための水を浸したお皿などである。なんだか花火をする前の準備みたいだ。おもちゃ箱を開けるように「せんねん灸オフ　にんにくきゅう 近江」をわしゃわしゃと開封。可愛らしい形をしたお灸が七十個も入っている。両の手のひらいっぱいにせんねん灸をすくい上げ、富豪気分を味わう。余は満足じゃ。

次に、スマホで調べたツボの場所を赤ペンでマーキング。手始めに、掌の真ん中に位置する労宮《ろうきゅう》と、親指と人差し指の間のへこみの部分にある合谷《ごうこく》を狙い撃ち。

労宮はストレス解消に、合谷は美肌、肩こり、ダイエットに効果があるらしい。そういえば昔、やけに人間のツボに詳しい風俗嬢と出会ったことがある。プレイ中に性欲増進のツボを押されまくって、あれはあれでなかなかのお祭り騒ぎだった。

そんなことを思い出していたら興奮してきた。もう我慢できない。台座の下のシートをペリっと剥がし、人差し指の先っぽに貼り付け、もぐさの部分に火を点ける。どうやら私の中に息づく火への信仰心は一切衰えていなかったようで、若干イキかけている。お恥ずかしい。人の性根はそう簡単には変わりませぬ。

　点火の目安としては、もぐさから若干煙が上がるぐらいでいいらしい。事前にマーキングをしておいたツボにせんねん灸をペタリ。じんわりとした熱さが徐々にしみわたり、血行が良くなっている気がする。立ち上る煙からはなんとも香ばしいよもぎの香りがして自然と笑みがこぼれてしまう。これはリラックス効果も高そうだ。約5分ほどで火は消えてしまうが、温熱効果はしばらく続く。ピリピリっという刺激を感じ始めたら、血行が改善されたシグナルなのだという。

　自分の体を巡るお灸のリズム&ビートが妙に心地良くなってきた私は、上着を脱ぎ捨て両肩にもお灸を据えることにした。お次は肩井《けんせい》と呼ばれる肩こり、頭痛に効くツボを刺激しよう。しかしなんだろう、こんなにはしゃいでおきながら、私はお灸というものをそこまで信じているわけではない。どちらかといえば効果は未知数のオカルト的なものとさえ思っている節がある。その道で身を立てている方やお灸愛好家には申し訳ない限りである。

　でも、何を信じるか信じないかなんてそんなに大切なことじゃない。日々の美容もそうだ。効果が出るのは嬉しいが、そんなことよりも、やってみて楽しいか楽しくないかのほうが私にとっては重要なのだ。だって楽しくないものは続けられないからだ。調子づいた私は、残りのお灸をすべて顔に装着し、映画『ヘル・レイザー』に出てくるピンヘッドみたいな風貌になってやろうと思い立つも一度に大量処方するのはとても危険らしい。ここは涙を飲んで諦めることにした。

使い終わったお灸は、水をためたお皿に浸してお役御免。鶴の画の入った小皿の上にせんねん灸の燃え殻が置いてある様子がなんとも風流で、すかさずスマホで写真をパチリ。ＳＮＳにこういう小洒落た写真を載せたらどれだけ「いいね」がつくのか試してみようかなと、しょうもないことを思わず考えてしまう。そういう思考を抑えるお灸が私には一番必要かもしれない。

それからというもの、私の生活にお灸は欠かせないものになった。寝る前のちょっとした空き時間に、部屋の電気を全部消し、イエモンの『ＪＡＭ』を口ずさみながら、暗い部屋でひとりお灸に火をともすときの高揚感といったらない。思い返せば、子供のころにも、親の目を盗んでは、こうやって一人でライターに火をともして日がな遊んでいた。結局私は子供のころから何も変わっていないのだ。そして変わらず私の傍にいてくれる「火」の安心感よ。

そんなわけで、かれこれ二週間ほどお灸を続けているのだが、慢性的な肩こりが多少マシになってきたような気がする。ツボというツボを片っ端から試している最中なので、これぞというツボをいつか見つけられるんじゃないかと毎日ワクワクしている。

ただ「過ぎたるは猶及ばざるが如し」という言葉の通り、お灸を一気に焚き過ぎてしまい、我が家の火災報知器を鳴らしてしまうという失態を犯し、同棲中の恋人からこの世のものとは思えないほどに強烈なお灸を据えられてしまったわけである。

せんねん灸と、愛する人からのキツイお灸、この二つさえあれば、しばらくは健康で楽しい生活を送れそうな予感がする。

ヨーグルトという白い沼

ハマった。沼にハマってしまった。それは突然の出会い。雪のように真っ白で、蜜のように甘い誘惑。もがけばもがくほど深みにハマってゆき、私はこの沼からしばらく抜け出せそうにもない。

そう、四十にして、私はヨーグルトという白い沼にどっぷりとハマってしまった。

きっかけは〝おしっこ〟だった。

健康の証ともいえる「限りなく透明に近いイエロー」なおしっこを目指し、利尿効果を高める食べ物を探し求めた私は、併せて尿酸値の上昇を抑える優れものとして、明治の「プロビオヨーグルトＰＡ-３」なるものがあることを知る。

目的のブツを求めて訪れた近所のスーパー、そのヨーグルト売り場にて、カルチャーショックと呼んでもいいほどの衝撃を私は受けることになる。

最近のヨーグルト……実はちょっとヤバいのである。

私の中でのヨーグルトのイメージといえば、明治の「ブルガリアヨーグルト」や、江崎グリコの「朝食りんごヨーグルト」に、あとはオハヨー乳業の「おいしく果実」シリーズが代表的なものとして挙げられる。

ところが最近では、ヨーグルトそのものの美味しさに加え、私たちの身体に様々な良い影響を与えてくれる「機能性」が重視されたものが多数販売されているようだ。

ズラリと陳列されたヨーグルトに目をやる。胃の負担を和らげてくれるもの、内臓脂肪を減らすのを助けてくれるもの、大腸の腸内環境を改善してくれるもの、眼精疲労、睡眠障害、美肌促進に効果があるもの、果ては、記憶力の低下を抑えるものまである。失礼ながらここまでくるとちょっと怪しい（褒めてます）。

改めて思う。

「ヨーグルトっていったい何なんだ？」

ヨーグルトに多く含まれる乳酸菌に整腸作用があることはなんとなく知っていたが、その他にも、こんなにたくさんの効果があるなんて。これはもうあれだ。温泉だ、あらゆる効能をもつ伝説の秘湯レベルの代物だ。

そんなヤバいブツがスーパーやコンビニで手頃な価格で普通に売られていることが少し恐ろしい。耳当たりのいいことばかりパッケージに書いてますけど、本当ですか？　政治家の選挙公約と一緒で結局は守られないいんじゃないですか？　ヨーグルトも増税ですか？

とかなんとか言いつつも、いったいどんな味がするんだろう、毎日食べ続けたら私の身体はどれだけ健康体になってしまうだろうと興味は尽きない。だが、種類が豊富過ぎて何を買えばいいのかがわからない。そんなときこそ私のお得意の「大人買い」である。まずは手当たり次第買ってみて、自分に合うものを見つけるしかない。私はこういう風におカネを使いたいから毎日汗水流して働いている。

ヨーグルトを大量に買い込むおっさんに向けられるレジ店員からの「？」という表情。そんな顔をしないでください。私は今よりちょっと健康になりたいだけなんです。

ということで買ってきました。大量のヨーグルト。できるだけ効能が被らないように十三個もいってやりましたよ。あれだけ怪しいと言っていたのに記憶力対策のヨーグルトも買いました。すみません、根っからのオカルト好きなもので。

これから毎朝一個ずつ朝食のお供としてヨーグルトを食す朝活を始めよう。色や見た目はそれほど変わらないことがわかっているのに、封を開けるときと、一口目を口に運ぶときのドキドキといったら半端ない。

まあ、結論から言えば、味や食感にはそう大差はない。口当たりが柔らかいとか、ちょっと酸味が強いというぐらいの些細なものである。しかし、総じて美味い。ずっと美味い。子供のころに初めて食したときからヨーグルトはずっと美味い。果たして不味いヨーグルトなんてこの世に存在するのだろうか。

さて、約二週間程度ではあるが、朝活ヨーグルトを続けた結果、私の身体には何かいい影響があったのか？　正直言ってそれはよくわからない。まあこんな短期間で目に見える効果がでるわけはないのだろうが、お腹の調子がすこぶる良いことだけは間違いない。あとは精神面での効果が大きいのではないかと思う。

食後にヨーグルトを食べることで、ちょっとした贅沢をしているような充足感、私、身体にいいことしてますよ、おかげで今日も一日頑張れそうですよという根拠のない自信が日々の活力を与えてくれる。毎日の美容と一緒で、継続することこそが自己肯定感を高める唯一の方法なのだ。

数え切れぬほどの商品があるヨーグルトだが、最強のヨーグルトは存在するのだろうか。いろいろと調べてみるが、やはり個人の嗜好によることが大きいらしい。

さらに情報を漁っていると、自宅で作る自作ヨーグルトというものがあるらしい。そうか、ナンバーワンなんて求めなくていい。結局大事なのはオンリーワンなのか。よし、いっちょやってみよう。

必要なものは以下の通りである。

・牛乳（牛乳パックの種類別名称が「牛乳」となっているものを選ぶ。低脂肪でないほうが作りやすいらしい）
・市販のヨーグルト（自作ヨーグルトの種菌とするもの、固形タイプでもドリンクタイプでも可。ただし、種にできないものもある）
・ヨーグルトを固める容器（百均ショップなどで売っているパックや瓶などで充分）
・牛乳をあたためる鍋

何でも下準備が大切ということで、ヨーグルトを作るのに一番重要なのは、調理器具の殺菌である。ちょっとした汚れが残っているだけでも、ヨーグルトが綺麗に固まらなかったり、異常な酸味や悪臭漂うヨーグルトが出来てしまったりするからだ。「パストリーゼ」のような除菌スプレーを使うのも有効だ。

牛乳を鍋に投入し、沸騰する直前まで加熱する。熱過ぎてもぬる過ぎてもいけない。微妙な匙加減が必要である。

加熱が終わったら、種菌となるヨーグルトを適量投入し（一リットルの牛乳に対して大さじ二〜三杯ぐらい）、しっかりとかき混ぜる。これを適当にやってしまうと、牛乳と菌が上手く融合せずに失敗してしまう。

「ハ〜ラホレ〜〜ヤッヒフレ〜♪」と『アルプスの少女ハイジ』の主題歌を口ずさみながらご機嫌でかき混ぜる。いろいろつらいこともあるけれど、今のところ人生は上々だ。

かき混ぜたものを容器にうつして常温で三、四時間ほど放置する。保温バッグに入れたり、タオルで包んだりすると熱を逃さないので効果的である。

表面がプルンプルンする具合に柔らかく固まったら、冷蔵庫に入れて一日冷やして出来上がり。


いかがだろうか。作成方法は簡単そのもの、殺菌や攪拌などをちゃんとすれば、誰でも簡単に作れるはず。あとは出来上がったものに、お好みでフルーツソースを加えるなどして食すだけでいい。しかも、この自作したヨーグルトを種菌として使えば、理論上は無限にヨーグルトを生成できるというわけである。

それでは、マンゴーソースをかけていただきます。肝心のお味のほうは……普通に美味い。普通に美味いって一番嬉しくて幸せだ。

しかし美味いな。美味すぎて他の人にも食べてもらいたくて仕方がない。マンションのお隣さんに「あの、ヨーグルト作り過ぎちゃったんでどうですか？」と配ってみるのもいいな。いや、ヨーグルトを作り過ぎるってなんだよ。それ自体がヤバいだろ。ある意味危険人物だ。

ヨーグルトをほおばりながら思う。そういえば私は、小さいころから白い食べ物を好む傾向が強かった気がする。大根、ヨーグルト、豆腐、うどん、そうめん、白米などなど。なんでなんだろうな。白い物への憧れでもあったんだろうか。透明じゃなくてできるだけ透明に近い白になりたいなんてイタイことを思春期のころには思っていたような記憶もある。

純粋な心を忘れ、汚れた大人になった今こそ、真っ白な自分を取り戻すつもりでヨーグルトを食べようじゃないか。いや、ここまできたら豆腐もうどんもそうめんも自作してみようかな。DIY精神の欠片もなかった面倒臭がりの私が、下手糞でも自分で何かを作ってみようという気持ちを持つことができた。それこそが美容と健康が教えてくれた大切なものなのかもしれない。

これからもちょっと味のある駄文と、ちょっと酸っぱい私好みのヨーグルトを作り続けていく所存でございます。ちなみに市販のヨーグルトで私が好きなのは日本ルナの「バニラヨーグルト」と北海道乳業の「フルーツサラダヨーグルト」でございます。ぜひご賞味を。

天下分け目の健康診断

年の瀬も押し迫った年末に、いよいよ〝天下分け目の大決戦〟が始まろうとしていた。これまで積み重ねてきた「美容」と「健康」にまつわるアレやコレ、その真価が試されるときが遂にやってきた。

そう、私は今、久方振りの「健康診断」に備え、病院の待合室にてひとり士気を高めている。

私だけにかぎった話ではなく、「作家」などという自由業を生業にしていると、日々の締切に追われ、多少体調が悪くとも病院には全く足を運ばないといった不健康極まりない生活を送っている人は少なくない。

会社勤めをしていない身であるからして、検査費用を会社が負担してくれることもなければ、定期健診を受ける義務もない。体調がいいわけではないが悪くはない。最高ではないけれど最悪ではないのだから、明日も私はなんとか大丈夫。という自分本位な言い訳で、ここ数年にわたり健康診断はもとより、がん検査すらまともに受けた試しはない。そんな私が、決して安くはないおカネを払い、健康診断を受けにきた。

その理由はただひとつ。美容への目覚め、食生活の見直し、軽い運動、その他もろもろ健康に良いとされるものはなんだって生活に取り入れてきた努力の成果を自己評価ではなく、医学的な見地で確かめてみたくなったのだ。

検便、検尿の提出を済ませ、やけに着心地の良い検査着に着替え、いざ出陣。嗚呼、こんなにココロオドル健康診断は生まれて初めてだ。

まずは身長、体重、血圧など基本的な身体測定からスタート。身長一六七・九センチ、体重九一・八キロ、体脂肪率三一・三パーセント、肥満度四十八パーセント。一センチ近く身長が縮んでいるし、八〇キロ台前半まで落とした体重がまたもや九〇キロ台に突入しているではないか。血圧検査に関しては、最高一四二、最低九七と高血圧が疑われる数値を叩き出した。

いきなり出鼻をくじかれてしまった。そうだった、三十キロの大減量に成功したとはいえ、私はまだデブ、いや少し可愛げのある言い方をすれば「太めクン」には違いないのだ。

息つく間もなく大の苦手としている採血検査に臨む。少しでも恐怖を紛らわそうと看護師さんに声をかけようと画策する。「このお仕事の経験は何年ですか？」などと聞くのは失礼に値するかなと思案した結果、「採血はお好きですか？」と間の抜けた質問をしてしまった。好きも何もこれがこの人の仕事なのだ。

バリウム検査の呼出しを待つあいだ、控え室の椅子に座りながら思う。

自分がいかに健康になったかを見せつけてやると血気盛んに乗り込んできたというのに、次々と突きつけられる現実に意気消沈している。だが、そんな心とは裏腹に、自分の身体をアレコレ調べてもらうことは意外と楽しいものなんだなという気づきもあった。過去、流れ作業のように無表情でこなしていた検査の結果に一喜一憂できるようになったのは、それだけ健康に関心を持てるようになったという何よりの証拠である。

同じように健康診断を受けにきている人たちの中に、身体中から若々しいオーラを放っている人を見つけると、あの人のようになりたいな、どんな化粧品使ってるんだろうなというやる気と興味が湧いてくる。

ああ、健康診断って意外と悪くない。


予定していた検査をすべて終えたあとは、医師との簡単な面談が待っている。

「太り過ぎによる高血圧が一番心配ですね。朝と夜の一日二回、ご自身で血圧を測り、血圧手帳に数値を記入してください」という医師の勧めで、値段にして四千円ぐらいのオムロンの血圧計を買うことと相成った。医師の言うことを素直に聞けるようになったことも人としての大きな成長である。

そして診察終わり、私にはどうしても聞きたいことがあった。

「先生、私の肌って歳の割にどうですか？」

「いや、とてもツヤのある肌をしてらっしゃいますよ」

その言葉が聞けただけでも、今日来た甲斐があったってもんだ。


というわけで、今後の課題として高血圧をなんとかしないといけない。

一般に高血圧と定義されるのは、上の血圧が一四〇以上、下の血圧が九〇以上とされているが、私の場合は上が一四二の下が九七という数値だった。血圧が高くなると血液が流れる血管に負荷がかかり、動脈硬化などを引き起こすらしい。

医師に言われた通り、一日二回の血圧測定を習慣づけてはいるのだが、数値はいっこうに下がる気配がない。血圧を下げるにはどうしたらいいのかを調べてみる。

1：塩分を控えたバランスのいい食事を心がけましょう。
2：タバコとお酒の量を減らしましょう。
3：充分な睡眠を取り、ストレスを溜めないようにしましょう。
4：慢性的な運動不足を解消しましょう。

同棲中の恋人のおかげで、毎日栄養満点の食事を三食ちゃんと口にしているし、タバコとお酒の量も多い時の十分の一ぐらいには減っている。いびき問題は解決していないが、一日六時間以上はぐっすりと眠れている。

継続しておこなっている運動といえば縄跳びぐらいだが、徐々に全盛期の勘を取り戻し、一回もできなかった二重跳びが、今では十回程度は飛べるようになった。膝への負担が激しいので、これ以上回数を増やすことは困難だが。

ふむ、どうしよう。これ以上は打つ手なしか。誰かに決められた平均値や目先の数値に踊らされず、無理のない範囲で悠々自適に美容と健康に勤しんできたが、それにも限界がきてしまったようだ。軽い絶望を味わいつつ、自分と同じように高血圧に悩む人はいないものかと、旧ツイッターやインスタグラムなどでキーワード検索をしてみると、いるわいるわ、やはり多くの人が高血圧で苦しんでいるようだ。その中で、自分の血圧の数値を毎日つぶやき続けているなんともストイックなアカウントを見つけた。何故だろう。毎朝毎晩の測定結果の写真を載せているだけなのに、ただそれだけなのに、その数値から、素性も顔も知らない人間の人生を感じる。わかる、わかるよ。血圧ってなかなか下がらないよな。私も一緒だよ。あなただけじゃない。なあ、一緒に頑張ろうぜ。

今から十五年ほど前、生活苦から借金の自転車操業に陥っていた私は、毎月の返済で消費者金融のATMを訪れるたび、備え付けのゴミ箱に捨てられている名も知らぬ人の明細書を拾っては、そこに書かれている借金残高を確認し、自分以外にも借金と闘っている人がいるんだなと勇気づけられたのを思い出す。

やる気を取り戻した私は、ある大きな決断を下す。もう四の五の言っている場合ではないし、流行に乗っかることを恥ずかしがっている暇もない。

巷で大人気の「チョコザップ」とやらを始めてみようと思うのだ。

さらなる健康促進と高血圧改善のためには、空いた時間を有効活用して運動量を増やすしかない。

世の流行に乗ることが一番大嫌いな私がチョコザップに救いを求める。私はまたひとつ自分の殻を破ろうとしている。どうしよう、おじさんのメタモルフォーゼが止まらない。

チョコザップはこの世の楽園だ

世間の流行りに素直に乗れない。

日常生活、仕事の進め方、趣味嗜好などあらゆる面において、世の主流とされるものとは真逆のことをやりたがるきらいが強い。

空や海を「青色」ではなく「灰色」で塗るのが大好きな子供だった。任天堂やソニーではなくSEGAのTVゲームに心ときめかせ、オリコンランキング五十位ぐらいをウロチョロしている曲を好んで聴いていた。みなが韓流ドラマで感動の涙を流すのなら、私はインド映画特有の激しいダンスで踊り狂うのみ。そして何より、全くカネにならない作家という因果な商売を生業にして生きている。

そんな筋金入りの天邪鬼な私が、このところ巷を賑わせている「チョコザップ」に入会することを決意した。

チョコザップとは、RIZAP監修のフィットネスジムのことで、24時間いつでもコンビニ感覚で体を鍛えられる〝コンビニジム〟と呼ばれるものの先駆けである。その手軽さと安価な利用料金から、老若男女問わず大人気の大きなトレンドとなっている。

先日の健康診断にて「あなた、このままだと高血圧で死ぬかもね」とカジュアルな余命宣告を受けてしまった。食生活に睡眠など日々の生活改善に真剣に取り組んではいるものの、圧倒的に「運動」が足りていないことは明白であった。

だが、本格的なスポーツジムに通うのは少し恥ずかしい。かといってトレーニング機器を自宅に設置する余裕もスペースもない。毎日の隙間時間にお試し感覚で運動がしたい。そんな私のニーズに応えてくれるのが、チョコザップに他ならないというわけだ。

四十代になってから、のほほんと始めた美容と健康生活。スベスベのお肌、気分爽快な寝起き、快食快便と様々な効果を実感する毎日だが、中でも一番の収穫といえるもの、それは「自分自身を過信しない」「他人の意見を素直に受け入れる」といった意識改革ではないかと思う。昨今の価値観の変化に無理についていく必要はないんじゃないか。その場しのぎの付け焼刃のアップデートじゃ先がない。わからないことを「教えてください」と頼む姿勢。何か粗相を働いたときは「ごめんなさい」と素直に謝ること。そうすることで他人との会話が生まれる。会話がなければ理解も生まれない。

日々の美容から、私はそんなことを学んできたんじゃないのか。声を大にして言おう。ずっとチョコザップに興味がありました。

何はなくともまずは入会だ。「スマホでサクサク！」という謳い文句に偽りなく、ちょっとした情報を入力するだけで五分もかからずに入会は完了。月額２９８０円（税抜）という良心的価格で、全国47都道府県で１７００店舗以上（２０２４年10月発表時点）あるチョコザップの利用が可能となった。簡単すぎてちょっと怖い。

さあ、チョコザップが私を呼んでいる。

意気揚々と家から歩いて十分のところにあるチョコザップへ。近くを通るたびにチラチラと盗み見をしていた憧れの場所へといざ行かん。

さて、店舗の前まで来たものの、なんでも初めてというものは緊張する。バイト初日、もしくは風俗店に初めて足を踏み入れるときと同じ緊張感で口の中はカラカラだ。風俗店というたとえを使っていることから、このエッセイがチョコザップに頼まれた企業案件ではないことをわかっていただければ幸いである。

えぇい、ままよと覚悟を決め、入口の読取り機にスマホのQRコードをかざして入店。店内には二名の先客が。ストレッチシートの上で入念に柔軟運動をする若者、仕事帰りなのか休憩時間なのかはわからないが、スーツ姿でエアロバイクをものすごい勢いで漕いでいるサラリーマン。なるほど、「初心者でも通いやすいコンビニジム」というチョコザップのコンセプト通りの風景がそこには広がっていた。

簡易ロッカーに手荷物を入れ、更衣室にて動きやすい服装に着替える。トレーニングウェアに専用シューズといった本格的な準備はいらない。Tシャツにチノパンぐらいの格好で充分だ。まずはストレッチスペースにて、屈伸、アキレス腱伸ばしなどの準備運動を入念に行う。私はおっさんになった。己の体力を決して過信しない。いきなり体を動かした先には取り返しのつかない大けがが待っているのだ。

ストレッチを終え、ジムの中をぐるりと見回す。エアロバイク、ランニングマシン、チェストプレス、ラットプルダウンといったトレーニングマシンが設置されている。

各機器の使い方やトレーニング方法はスマホのアプリから、説明動画を見て調べられるようになっている。インストラクターが常駐していない無人ジムでも安心だ。プロから的確なアドバイスをもらいたい人もいるだろうが、ちょっとしたエクササイズ目的で通う私にはこのほうが居心地がいい。最近見かけるようになった無人の古着屋や製肉店に似た気軽さに似ている。実はおしゃれな服屋の店員に話しかけられるの、いまだに苦手なんだよな。

ランニングマシンにて二十分ほどランニングとウォーキングを繰り返して気持ちのよい汗をかく。平日の夜十一時過ぎは利用者も少ないようで、店内には私ひとりだけという貸切状態に。調子に乗って鏡に向かってマッスルポーズを取ってみる。

ジムに行かなくても、タオルやゴムチューブを使って自宅でのエクササイズは可能だが、やはり専用機器を使ってのトレーニングは首、肩、胸、腰、太ももが効果的に鍛えられる。

適度に体をいじめたあと、「ちょこカフェ」という無料のドリンクバーで水分補給。プロテインやコラーゲンが配合されたドリンク、コーヒー、お水が用意されており、まさにいたれりつくせりである（2025年2月中旬より順次終了）。

チョコザップの凄いところは、トレーニングマシンだけでなく、セルフエステ、ネイルコーナー、歯のホワイトニング、セルフ脱毛、コワーキングスペースまで用意されていることだ。カラオケが歌えるところもあるらしい。健康だけでなく美容面もサポートしてくれるのだ。

デビュー初日から全トレーニングマシン制覇とセルフエステまで体験し、非常に有意義な時間を過ごすことができた。子供のころに裏山に作った秘密基地に遊びに来ているような不思議な高揚感が堪らない。うん、これはリピート確定でございます。

それからというもの、週に二回の休息日を設け、それ以外の日はチョコザップへ足を運ぶようになった。ジムに行く暇を作りたいがため、仕事や家事を早く終わらせてその時間を捻出しようとした結果、日々の生活リズムが安定するという嬉しい誤算も発生した。

お気に入りはセルフ脱毛コーナーで、専用のサングラスをかけている自分の姿が非常に滑稽で、脱毛というよりもただサングラスをかけたくて利用している気もする。

チョコザップのいいところは、とにかくその静けさにある。インストラクターもいなければ、利用者同士が変にコミュニケーションを取ることもない静寂の時間。会話を交わさなくても、同じように運動をたしなむものとしての仲間意識、そして安心感が心地いい。

実はこの感覚は以前にも経験したことがある。過去に私がｍｉｘｉで運営していたコミュニティのオフ会と同じ雰囲気なのだ。

「今日も松屋で待ち合わせ」

活動内容はその名の通りで、掲示板を使って、近隣に住む者同士が近所の松屋で待ち合わせをするだけ。たったそれだけ。ただし、「なれ合い禁止」という鉄の掟を決めていた。余計なおしゃべりはせず、軽い挨拶を交わすだけでサヨウナラ。出会い目的ではない。同じ松屋を利用する人の中に、名も知らぬ仲間がいると思うだけで、ちょっとした幸せを感じようぜ、という一風変わったコミュニティだった。

大都会東京でのひとり暮らし、不意に人恋しくなったとき、見知らぬ人と同じ松屋の空気を吸っているだけで涙が出るほど嬉しかった。あのときと同じ安心感を、私はチョコザップの利用客から感じている。

過剰な品行方正を求められ、監視社会、いやこの世の中すべてが牢獄といってもいい現在のSNS社会はもう沢山だ。利用者同士が居心地のいい距離感を保ち、まさに楽園だった「いい時代のSNS」の雰囲気がチョコザップにはある。

身もふたもないことを言えば、インストラクターの指導の下の本格的なトレーニングではないので、体重、血圧などの数値に明確な変化はまだ見られない。ただ、それよりも大切な心の充足を得られていることは確かだ。

人生に疲れたとき、何か嫌なことがあったとき、パチンコでボロ負けしたとき、恋人と喧嘩したとき、そんなときはここに来ればいい。私たちはみんなひとりぼっちだけど、チョコザップにいるときだけはひとりじゃない。

チョコザップ帰り、肌に触れる風の感触がなんとも心地良い。まとまった休みが取れたら、全国津々浦々知らない街のチョコザップを訪ねる旅にも出てみたい。

実は最近編み出したコンボがある。

まずはチョコザップ、帰りに銭湯に立ち寄りサウナで汗を流す、帰宅すると恋人が作ってくれた栄養満点のヘルシーなご飯が待っている。このコンボを私は「幸せ」と呼んでいる。

以前の私なら、こんなことを「幸せ」に感じることはなかっただろうな。「幸せ」の価値観が更新されていく。それは決して悪いことじゃない。ジジイになった私はいったいどんなことに幸せを見出すのだろうか。

そのためにも長生きをしなければ。そんならしくないことを最近思っている。

ハイパー
ハード
ボイルド
納豆
レポート

人生で一度も納豆を食べたことがない。それなのに、これまで付き合った女性はもれなくみんな納豆が好きだった。

「納豆って美味しいよ？　一緒に食べない？」

「納豆味のキスしてあげる〜♪　それなら平気でしょ！」

女の子の頼みには滅法弱い私だが、どれだけ頼み込まれても納豆を口にすることだけはなかった。匂い、見た目、ネバネバ、納豆のすべてが苦手だ。統計的に西日本の生まれには納豆嫌いが多いそうだが、香川県生まれの私もどうやらその一人らしい。親が納豆嫌いだったこと、私の通う学校では給食に納豆が出なかったこともあり、納豆を知らないまま私は大人になった。大人になると、昔より納豆が気持ち悪い食べ物に見えて仕方がなかった。子供のころは平気だった昆虫を、大人になると全く触れなくなるのと同じ現象かもしれない。

「高血圧予防」「アンチエイジング効果」「ダイエットに最適」「免疫力向上」など、納豆が健康にいい食べ物であることは、ＴＶや雑誌で散々目にしているので重々承知である。だが、納豆の他にも健康に良い食べ物は山ほどあるじゃないか。今さら納豆を食べる必要がどこにあるのだ。そんな風に思っていた私が、この歳で初めて納豆を食べようと思い立った理由、それはまたもや訪れたマンネリの打破である。

ここ最近の私ときたら、お肌の張りは普通、体調はまあまあ、体重は八〇キロ台後半から九〇キロ台を行ったり来たりと、なんとも代わり映えのしない毎日を過ごしている。現状維持も大切だが、目に見えるような効果のひとつでもないと、モチベーションは下がっていく一方だ。

このままではいけない。マンネリを打破する何かが必要だ。偶然を待っている暇はない。人生におけるドラマとは、自分の手で起こさねばならないのだ。

そこで白羽の矢が立ったのが「納豆」というわけである。

しかし困った。私は納豆のことを全くといっていいほど知らない。インターネットでリサーチを重ねてみたものの、何が本当かさっぱりわからない。基本的にSNSの人たちが言うことは信用していないので、同棲中の恋人に救いを求めることにした。過去の恋人たちと同様に、彼女もまた無類の納豆好きであった。私が納豆を食べられるようになれば、食事のバリエーションが増え、毎日の献立作りが楽になるとのことで、全面的なバックアップを約束してくれた。

彼女が書いてくれたメモを手に、近所のスーパーに買い出しへ。今まで見向きもしていなかった納豆コーナーを散策する。大学生の時分、いっちょまえにジャズをかじり始めたあのころ、勇気を出して老舗のジャズ喫茶に足を踏み入れたときの胸のトキメキを思い出す。レコードを掘るのも楽しいが、納豆を掘るのもまた楽しからずや。

初心者には、粒納豆よりもひきわり納豆のほうが食べやすいらしい。加えて、ひきわり納豆には「ナットウキナーゼ」という血液をサラサラにする酵素が多く含まれているので、高血圧に悩む私にはもってこいとのこと。念のための保険で小粒納豆も購入しておく。納豆を食べるときのアレンジに使う大根、沢庵、長芋も購入。これで戦いの準備は整った。

恋人が作ってくれたトッピングセットもスタンバイOK。ツナマヨ、鮭フレーク、鶏そぼろ、私の大好物が勢ぞろい。納豆を単品で食べるのが難しい私には心強い援軍だ。そしてメインデイッシュとして高級牛肉ステーキまで準備された。納豆を食べるご褒美にと奮発してくれたのだ。何から何まですみません。

まずは小粒納豆からチャレンジ。パックを開封した瞬間に立ち昇る匂いにあっという間に戦意喪失する私。勇気を振り絞って一粒、二粒、三粒と口の中に納豆を放り込む。トッピングを投入し、えいやと勢いよく噛み砕く。ああ、不味い、苦い、つらい。豆特有のコリコリ感があまり得意じゃない私には地獄の味わいだ。これならまだ錠剤を噛み砕いて食べた方が幾分かマシな気さえする。ダメだ、粒納豆は手強過ぎる。

気を取り直して、お次はひきわり納豆に挑む。先ほどの粒納豆に比べ、皮もなければサイズも小さい。匂いはちょっと強めで、新宿ガード下の刺激臭を一瞬思い出させる。

ここでとっておきの切り札を出すことに。その名も「ねぎし作戦」だ。山芋をすりおろし、ネバネバとろろご飯を準備する。これに先ほどの高級牛肉を合わせれば、私の大好きな「牛たん・とろろ・麦めし　ねぎし」風のセットメニューの出来上がりだ。納豆のネバネバは嫌いだが、山芋のネバネバは大好物である。これで誤魔化す作戦だ。

山芋をすりおろし、納豆とよく混ぜ合わせる。そこにめんつゆを垂らし、トッピングで海苔とネギをさらっと振りかける。よし、これならいける。覚悟を決めて納豆とろろご飯を口の中に放り込む。うん、うん、うん、とろろによって苦みが抑えられ、全然納豆を食べている気がしない。続けて牛肉をこれでもかとほおばる。あれ、これもう「ねぎし」じゃん。生まれて初めて納豆を食べた感動よりも、やっぱり「ねぎし」は最高だなという結論にたどり着いただけであった。まあいい、納豆を食べたという事実に変わりはないのだから。でもいつかは、納豆をちゃんと味わってみたい。納豆好きのみなさん、いろいろ言ってごめんなさい。

「納豆って四百回かき混ぜると一番美味しくなるんだって、ネットに書いてる」

戦いの一部始終を見守っていた恋人が変なことを言い出す。またそんなオカルトを……と思ったら、科学的根拠に基づいた回数らしい。二十五回とか百回とか三百五回がベストとかいろいろあるみたいだが、とりあえず四百回混ぜてみようじゃないか。

おじさんとおばさんが二人そろって納豆をぐ～るぐる。向かい合わせに座ってぐ～るぐる。

人生は自分が思っているほどドラマチックではない。生まれて初めて食べた納豆がめちゃくちゃ美味しいなんて奇跡は起こらなかった。美容の成果も最近の二人の関係もマンネリ気味ではあるけれど、メリーゴーラウンドのように同じ場所を回り続けているような毎日だけど、こうして一緒に納豆をかき混ぜるひととき、これはこれで悪くない。

小さな幸せを噛みしめていた瞬間、彼女のお茶碗から勢いよく飛び出した納豆が、私のズボンにライドオン。「もったいないから食べなさい」という迫力に押されて、指で摘まみ上げた納豆をお口にイン。四百回近くもかき混ぜたというのに、やっぱり不味くて泣けてくる。

人生も美容も上手くいかないことのほうが多くて嫌になる。でもこの人となら、どんなにしんどいこともいとおしく思えるんじゃないか。そんなつつがない毎日をこれからも一緒に送りたいと願う。納豆まみれの食器を洗うという大仕事が残っていることを忘れ、呑気に愛を誓う私なのであった。

僕とピロリ菌の七日間戦争

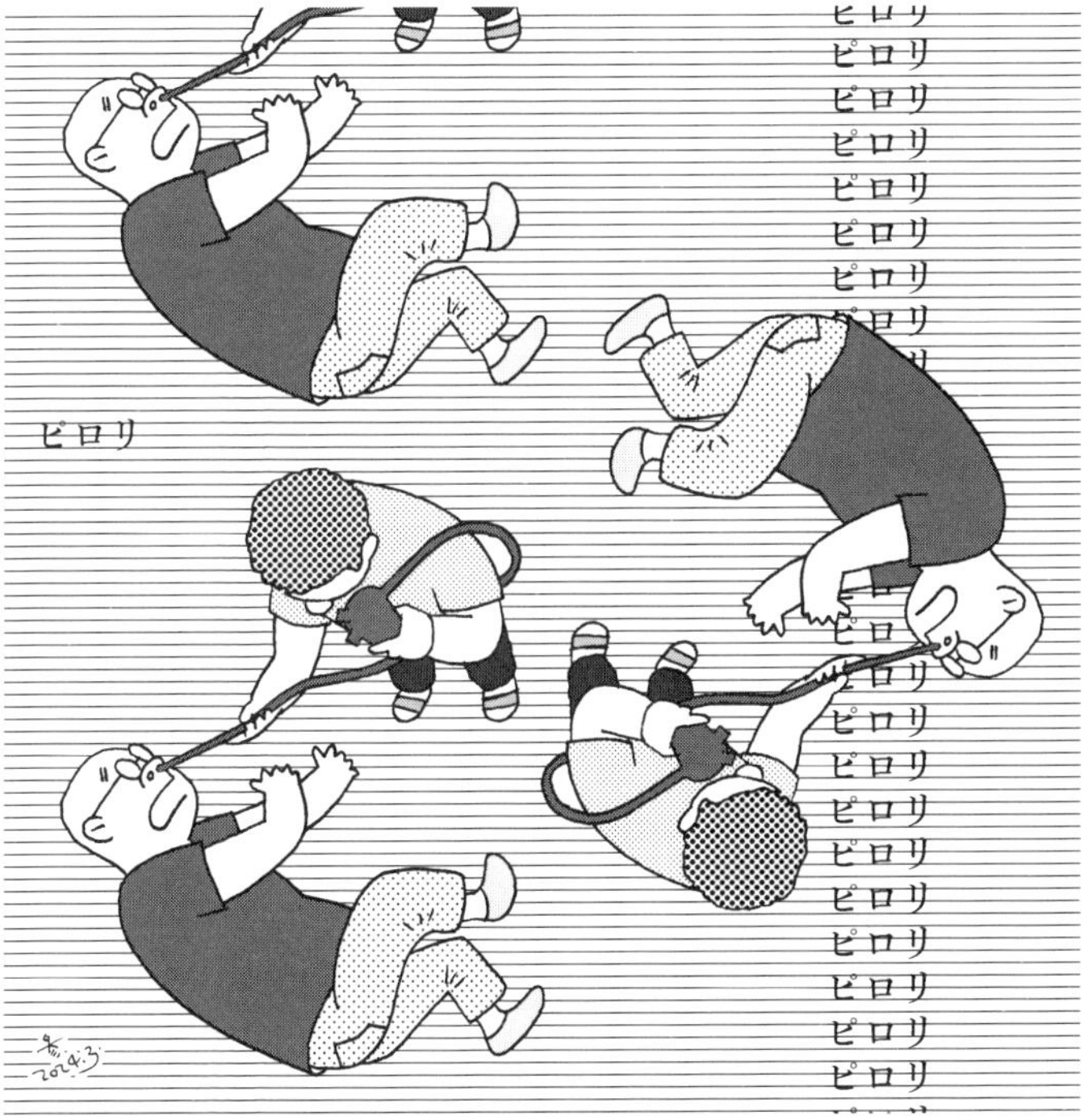

「ピロリ菌の検査を受けてくれないのなら、あなたと別れます。私は本気です」

ある朝目覚めると、枕元にそんなメモが残されていた。同棲中の恋人からの最終通告である。LINEやメールではなく、大事なことはきちんと手書きの文字で伝えるというのが、いかにも実直な彼女らしいというかなんというか。

事の発端は、先日郵送されてきた健康診断の結果書類だった。「太り気味です」「高血圧を改善しましょう」といった予想通りの注意事項に加え、「ピロリ菌感染を疑います」という見慣れない所見がそこには記されていた。

「ねえねえ、ピロリ菌ってのに引っかかっちゃったよ〜」と恋人に呑気なご報告。

「私、前から何度も言ってたよね？　あなたの胃腸の弱さは絶対ピロリ菌が原因だって！　もういい……私の言ってること……なんにも聞いてないじゃん」

はて、そうでしたっけと、惚ける私に、彼女の堪忍袋の緒はプッツンと切れてしまった。

ピロリ菌。語感はやけに可愛いが、ピロリ菌とはいったい何ぞや。〝菌〟と言われたら乳酸菌とバイ菌ぐらいしか思いつかない無知な私は早速リサーチを開始する。ピロリ菌とは、人間の胃に生息し、胃酸を弱め粘膜を退化させる働きを持つ細菌で、胃潰瘍や胃がんを引き起こす原因とされ、こと胃がんに関しては発症例の九十パーセント以上がピロリ菌の仕業らしい。

感染者のほとんどが幼少期に罹るらしく、その経路は主に経口感染、とくに井戸水からの感染が非常に多いとのこと。なるほど、私の実家は生活用水のほとんどを井戸水でまかなっていたので、小さいころに感染していた可能性は非常に高い。

わかってはいたことだが、やはりがんは怖い。すぐにでも検査に行こうと病院を調べてみたら、保険診療を受けるためには胃カメラ検査が必須とされているではないか。

困った。実は私、一度も胃カメラをやったことがない。採血も苦手なら、少しばかり閉所恐怖症なのでMRIもダメ。そんな私が、口からカメラをぶち込まれるなんて蛮行を耐えられるわけがない。ヤダ、無理、怖い、信じられない、ケダモノ、変態、胃カメラなんて大嫌い。

「というわけで今回は経過観察にしとこうかな……」とお茶を濁したところ、愛する彼女が家を出て行ってしまった。なんだよ畜生、誰だって苦手なことのひとつやふたつぐらいあんだろうが！　と憤慨しつつも、いつでも一番に私のことを心配してくれる彼女の深い愛情に報いるため、なけなしの勇気を振り絞り強大な敵に立ち向かうことにした。

技術の進歩により、最近の胃カメラ検査は、それほど苦痛を伴うものではないらしい。検査機器も驚くほどに小型化され、事前に鎮静剤を投与してもらえば、ウトウト寝ている間にお〜しまい！　という具合だという。検査の一部始終をノーカットで録画したものを、ＹｏｕＴｕｂｅで何本も確認する。うん、これならなんとかなりそうだ。

勢いに任せ近場の病院にテイクオフ。採血に問診と、事前検診を滞りなく済ませ、検査の日を予約する。よしよし、これは意外と楽勝だなと、「胃カメラ終わったら美味しいメシでも食べに行こうよ」と、我が家に戻ってきてくれた彼女に余裕を見せつける私だった。

前日の夜から食事を控え、胃の中を空っぽにして検査当日を迎えた。こじんまりとした控え室にて、まずは消泡剤を飲んで胃の内部を綺麗にする。次に移動式の診察台に横になっての血圧測定、続けて鎮静剤の準備と進む。

ところがここでトラブル発生。私の前に検査を行った中年男性が、死人のような真っ青な顔で運ばれてきたのである。

「あの……鎮静剤ってあんな感じになるんですか？」と思わず看護師さんに確認を取る。

「まあ、個人差ありますからね。それほど心配することではないですよ」

やばい。先ほどまで白衣の天使だったはずの看護師たちが、怪しいセミナーの勧誘員に見えてきた。こいつらを本当に信用してもいいものか。よもや、投与量を間違えて眠ったままあの世行きってことはないだろうな。

「すみません。やっぱり鎮静剤いらないです。自分の胃の中を自分の目で見たくて……」

「はいはい、それは確かにそうですね。じゃあ、鎮静剤はキャンセルで」

もっともな理由を並べて鎮静剤回避に成功。しかし、ホッと胸を撫で下ろしたのも束の間、「じゃあカメラは鼻から入れますか？　口から入れますか？」との二択を迫られる。

口から入れるよりは負担が少ないのではないかと考え、今回は「鼻からＩＮ」を選択する。鼻の穴からゼリー状の薬をねちょりと流し込まれ、喉には専用スプレーをシュッシュと振りかけられて、麻酔は完了。診察台に横向きに寝そべったまま検査室へと運ばれていく。

検査室は適度に薄暗く、わずかな音量でジャズが流れているのがわかった。患者の緊張をほぐすための気配りなのだという。

「ＢＧＭがあるの嬉しいですね」と伝えたら、「よかったらチャンネルも変えられますけど、ご希望ありますか？」と思ってもみない提案が。ではお言葉に甘えてミュージックチェンジといこう。日本人の魂を震わせるのはやっぱり演歌だろうか。はたまたヘヴィ・メタルを流せば、改造手術を受けているようなハイな気持ちになれるやもしれない。

いろいろ考えた末に私が選んだのは「マイケル・ジャクソン専門チャンネル」だった。

「今からこれが入っていきますからね〜」と太さにして約五ミリ程度の胃カメラを手にして微笑む担当医。ＰＣＲ検査で鼻の奥に綿棒を押し込まれるのも苦痛だったのに……。ああ、やっぱり口にしとけばよかったかな。かすかに聴こえる大好きなマイケルの『Human Nature』に勇気づけられながら、検査はスタート。鼻の入口が思ったよりも狭いらしく、ベストな進入角度を見つけるのに四苦八苦。食道の入口あたりをカメラが通るときには、嘔吐反射で「おえええ！」と何度もえづく。苦しい、両眼から大粒の涙がこぼれる。恥ずかしい。でも人前で思いっきり泣くのってちょっと気持ち良い。

「大丈夫、大丈夫ですからね！」と背中を撫でてくれる看護師さん。その手のなんとあったかいことか。この人こそナイチンゲールの生まれ変わりに違いない。カメラは一気に十二指腸まで到達し、そこから胃の内部へとゆっくり戻っていく。「自分の胃の中をご覧くださいませ〜」という先生の声で、モニターに映し出された胃の内部とご対面。うええ、思っていたよりもグロいな。粘膜の荒れがひどいので、カメラの先端に付いているメスで細胞を切除し、精密検査に回すことに。メスを振るう瞬間に「チョッキン！」と声を出して言う先生。この人の言語センスは医者に向いていない気がする。

所要時間十五分程度で検査は終了。生と死の狭間をたゆたう臨死体験をしたかのような不思議な心持ちだ。ピロリ菌の有無に関しては即日判定となる。待合室にて結果を待つ間、五体満足で生還できた喜びが湧き上がる。生きてるってなんて素晴らしいんだ！　ただ人生は甘くはない。結果は陽性。七日間にわたり朝夕クスリを飲み続けてピロリ菌を除菌することになった。

どこにも寄り道をせずに自宅に直帰。せっかくなので自撮り写真を一枚パチリ。鼻からは鼻水と鼻血がダラダラ、口からはヨダレがダラダラという酷い有様だが、ひとつの戦いを終えた男の顔をしているなと自画自賛。

恋人は仕事のため、自宅にはあいにく不在。誰も褒めてくれる人がいない。私には今、癒しが必要だ。服を着替え、普段はあまり近づかない猫カフェに救いを求める。

「ネコちゃんネコちゃん、おじさん長生きしたいからね、胃カメラ頑張ってきたのよ」

信じられないぐらいの無表情で私を見つめるネコちゃん。つれない野郎だ。ああ、早く愛する恋人に今日の頑張りを褒めてもらいたい。

私は自分のために健康になりたいけど、私を愛する人のためにも健康になりたい。あいつが喜んでくれるなら、大嫌いな納豆だって食べてみせたし、苦手な胃カメラだって乗り越えてきたのだから。

美容は自己満足のために。

健康は愛する人のために。

ただ、今一番の望みは、目の前のネコちゃんに、もう少しだけ愛想よくして欲しいのだ。

二重まぶた狂騒曲

おじさんだけど、二重まぶたになってみたい。

ついに書いてしまった。

一重だろうが二重だろうが関係ない。人生で大事なことはそんなことじゃない。今までそう思って生きてきた。「くっきり二重になりたいの！」とアイメイクに奮闘する女性や、果ては整形手術にまで手を出す人たちを、どこか冷めた目で眺めていた。

そんな私が、四十代にして美容の楽しさを知った。起き抜けの肌ツヤが良いだけで、一日中ずっと気分が良くなるという喜びを知った。そう、結局のところ、自分のご機嫌を取れるのは自分しかいない。自己肯定感を高めるために必要な手段、それが美容なのである。

美容初心者の私でも断言できる。たった一本、シワが増えたり減ったりするだけで人生は大きく変わるのだ。

ということで、改めて自分のまぶたを観察してみる。自分のまぶたなのに、今まで四十年間ほど何も気にせずに過ごしてきた。ごめんよ、私のまぶたさん。いわゆる奥二重というやつなのだが、まぶたが厚いせいで非常に腫れぼったく、ほぼ一重まぶたに見える。自分のまぶたが嫌いで嫌いで仕方ないというような切実な想いはないのだが、一度ぐらい二重まぶたになってみるのも悪くはない。

私の体における未開拓の地、いわゆるブルーオーシャンであるまぶた。二重まぶたになることで、私の毎日にどんな変化があるんだろう。それが楽しみで仕方ない。

アイメイクに関する知識が全くないので、同棲中の恋人に付き合ってもらい、近所のドラッグストアと百均ショップで二重まぶた用のメイク用品を購入。アイテープを数種類、ちょっとした遊びのつもりでつけまつげ、そしてコスメ商品口コミランキング1位の「折式（オリシキ）」というアイリッド スキンフィルムもGETした。美容を学び出してわかったこと、それは意外と口コミは役に立つということである。私、美容のおかげで、他人を信じることができるようになりました。

まずはしっかりと洗顔、そして眉毛を整える。眉毛ケアに若干の不安を残す私は、ここでも彼女の力を借りることに。自分が苦手なことに関しては、素直に他人を頼れるようになったのも、美容を通じて学んだことだ。餅は餅屋という言葉は本当です。彼女の助言に従い自分で眉を整えてみるも、やはりしっくりこない出来上がりに。畜生、まだまだ修行が足りないな。

さて、準備も万端というところで、お手軽なアイテープから試してみる。その名の通り、まぶたに貼りつけることで二重のラインを作るというものである。私のようなアイメイク初心者にとって、こういう図画工作のような感覚で使えるものは実にありがたい。

自分の理想とする二重のラインに沿ってテープを貼れと説明書きがされているが、そのラインの基準がわからない。目頭の赤い所を隠す蒙古襞《もうこひだ》が有るか無いか、まぶたの厚み、目の幅などで理想のラインが変わってくるそうだ。目尻に行くに従って二重が徐々に広がっていく末広型に、同じ幅を保ったままの平行型などがあるらしい。

自分の体に蒙古襞という面白い名前の部位があること、雲竜型や不知火《しらぬい》型といった相撲の土俵入りのように、眉毛のラインにも様々な型があることを知れて面白い。

実は今まで、映画『Ｓｈａｌｌ ｗｅ ダンス？』の良さが全然わからなかったのだが、美容と健康に目覚めてから再見したところ、社交ダンスという未知の世界に触れ、人生が俄かに華やいでいく、役所広司演じるしがないサラリーマンの姿を見ながら「わかる！　わかるぞ！」と自然と涙を流していた。知らないものを知っていく過程って本当に面白い。『ロボコップ』も好きだし『Ｓｈａｌｌ ｗｅ ダンス？』も好き。好きなものが多い方が人生は楽しい。


彼女に意見を求めたところ、まぶたが厚いので平行型は難しいかもねとのこと。そこで今回は末広型に挑戦だ。プッシャーと呼ばれる道具を使い、自分のまぶたをツンツンツンと押し上げてラインをつける。理想の場所を見つけたら、それに合わせてアイテープを貼り付けた後、プッシャーでテープをなじませて出来上がり。

プラモデルを作るような簡単な工程で、私の目は綺麗な二重まぶたへと変貌を遂げた。今まで隠れていた奥二重のラインがこんにちは。ラインがくっきりとしたことで目の印象が強まっているような気がする。なんだか自分の目じゃないみたいな違和感も強いが、気分は上々だ。

アイテープを付けて就寝することで、二重のラインを習慣づかせ、自然な二重まぶたを作ることも可能なのだという。なるほど、思春期のころ、アソコの大きさに自信がなかった私は、エロ本で読んだ「外国人男性のアソコがデカいのは、子供のころからパンツを履かずに寝ているから、アソコが布団で刺激されて自然にデカくなる」という三文記事を鵜呑みにし、数年間ほどノーパンで寝ていた時期がある。結果は推して知るべし。そうか、綺麗な二重まぶたも大きなアソコも一日にして成らずというわけなんだな。最近は就寝時にイビキ防止テープを貼っているのだが、併せてアイテープも貼ってみよう。

そして、いよいよ真打登場。口コミランキング1位のすぐれもの「折式」である。まず名前が格好良い。「雪崩式」とか「百式」とか「断崖式」とかそういう言葉に私は弱い。

これまた仕組みはいたって簡単で、アイテープと同じく理想のラインを設定し、まつげの生え際からそのラインまで専用液を塗るだけ。後は液が乾くまで三十秒ほど目を閉じて待ち、ゆっくりと目を開くとまぶたが内側に綺麗に織り込まれて、自然な二重まぶたの出来上がりという仕組みである。なるほど、だから折式というんだな。ガッテンガッテン。いや、これは確かに凄い。そりゃ人気があるわけだ。塗って乾かすだけのシンプルさが素晴らしい。

それからというもの、毎日のように折式とアイテープを試してアイメイクに勤しんでいる。時を忘れてメイクに没頭していると、夢中になってファミコンをしていた子供時代を思い出す。大人になってもまだハマれることはあるんだな。人生を豊かにしてくれる沼はそこらじゅうに存在しているのだ。みんなして積極的に落ちていこうぜ、沼に。

彼女がよく言っている「今日は二重の調子が悪いわ〜」という言葉の意味も少しずつわかってきた。女の子はこんな大変なことを毎日繰り返しているんですね。本当に頭が下がる思いです。

ただ大きな誤算もあった。何度も何度もアイテープを貼ったり剥がしたりしたために、目のまわりが真っ赤っ赤になってしまった。そしてひどく痛い。何しろまぶたを全く触らない人生を歩んできたものだから、まぶたの耐性が弱いのだ。そうやって大変な思いをするから、もういっそのこと整形をしちゃおうって子が増えているらしい。なるほど。整形をする理由には、そういう側面もあるんだな。うん、気持ちはわかる。だって今の私なら、安全でお得な手術があったら整形に踏み切ってしまいそうだもの。

「俺もいつか二重に整形したいって言うかもしれない。そのときは笑って許してくれよな」と彼女に伝えると、「早めに教えようと思ってたんだけど……」とかしこまった顔で彼女は言った。

「あんた、なんか二重が似合わないんだよね」

自分でも薄々そう思っていた。でもメイクってのは似合う似合わないでやるもんじゃないので、もう少しだけ続けてみます。いや、続けさせてください。今後開催されるトークイベントではパッチリ二重の爪切男を見られるかもしれません。こうご期待。

それでは最後に、つけまつげも付けてフル装備のアイメイクをした私の写真（次ページ）をご覧ください。嗚呼、素晴らしきかな、わが人生よ。

午前三時の写真館 PART 2

専用メイク用品を大量購入。44年間、奥二重で生きてきた著者が、つけまつげもつけて二重まぶたに変身！

匂い、見た目…苦手な納豆。「400回かき混ぜると一番美味しくなる」と聞き、44歳にして初めて食す。

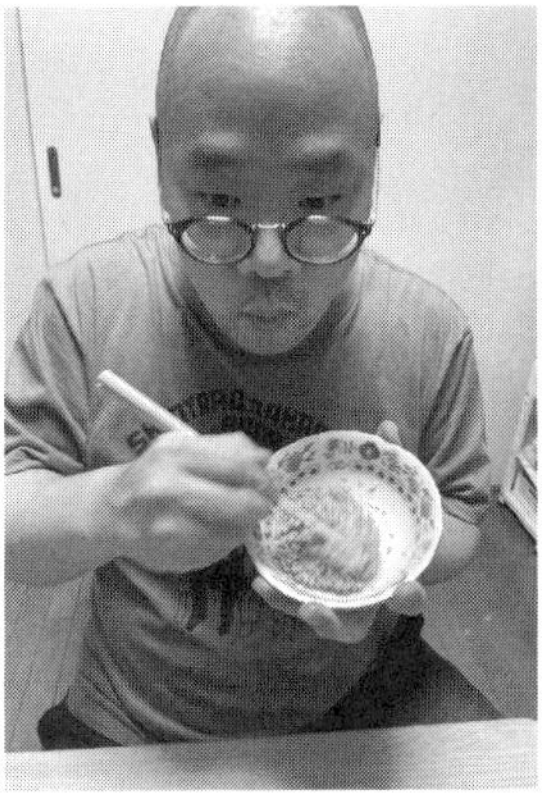

小学生時代、得意だったのは縄跳び。「運動」も大切と、当時、200回以上跳べていた二重跳びに挑戦！

腸内環境はもちろん様々な健康効果のあるヨーグルトにハマり「自作ヨーグルト」を作るほどに。美味い。

新しい恋の相手は炭酸水？

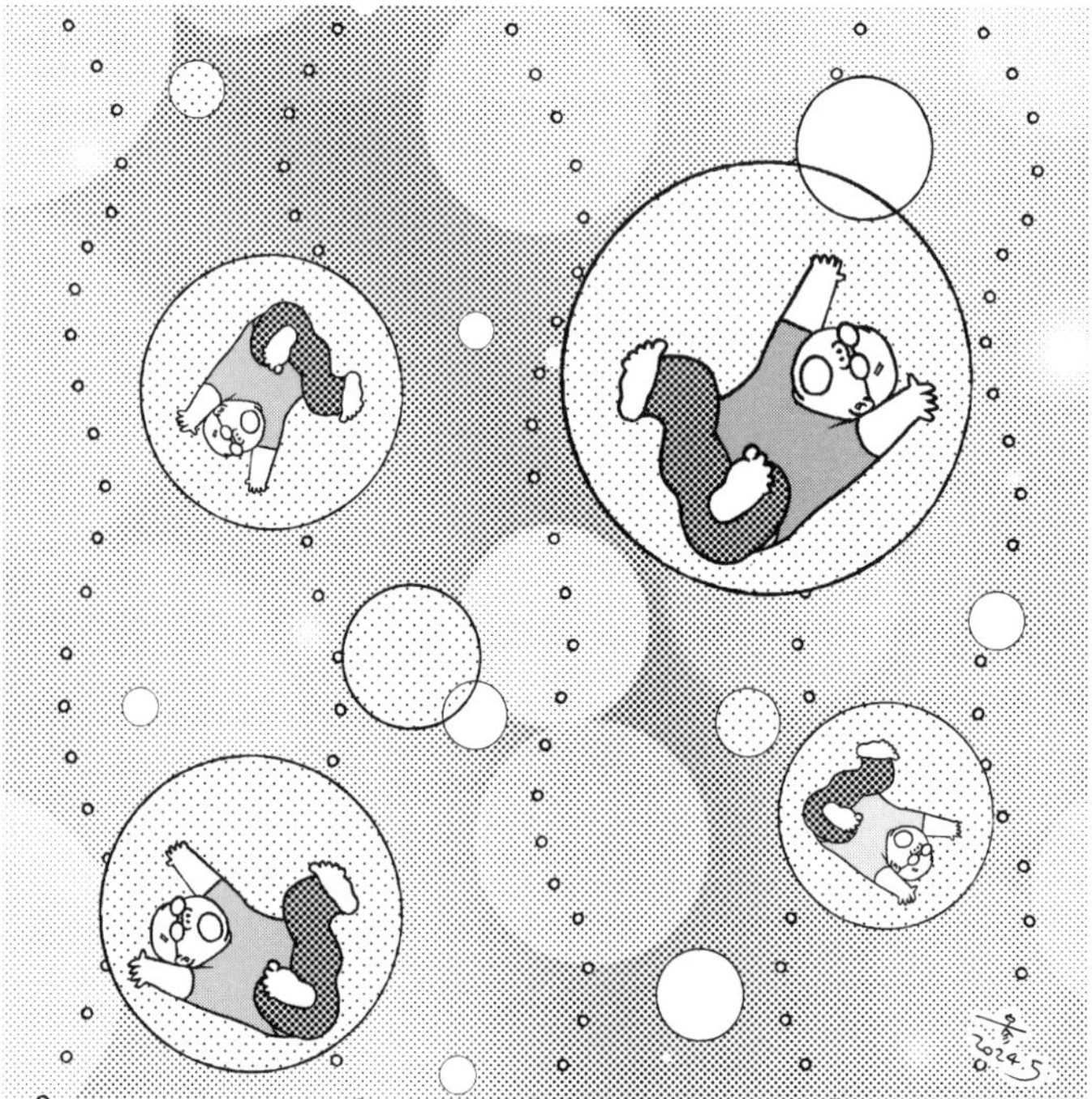

もう潮時のようです。

そろそろ私の犯した罪を告白せねばなりません。

別れたはずのかつての恋人と、決して許されぬ逢瀬を繰り返してまいりました。


そうです。私は炭酸飲料を隠れて飲んでいたのです。

「最近はもっぱらルイボスティーを飲んでます」なんて洒落たことを言いながら、その裏でグビグビゴクゴクと炭酸飲料で喉を潤しておりました。日々の健康のためにと、過剰摂取気味だった炭酸飲料に別れを告げたはずなのに……。本当に申し訳ありません。

と反省しつつも、別にアスリートを目指しているわけでもないんだし、それに私、生粋のおじさんですもの、炭酸飲料に溺れたくなる夜のひとつやふたつぐらいあるんです。と逆ギレをしたくなるのも素直な気持ち。役に立つ成功体験を読みたいのなら流行りの自己啓発本をおススメします。失敗と挫折があるからこそ輝く人生もあるのですよ。

よし、もう開き直ってしまおう。やっぱり私は炭酸飲料とお別れできそうにない。それならそれでもう少し健康に配慮した炭酸飲料の嗜み方はないものかと思案した結果、「炭酸水」に行き着いた。


「炭酸水」とは、水に炭酸ガス（CO2）が溶け込んだもので「ソーダ水」とも呼ばれている。「コカ・コーラ」、「C.C.レモン」、「ドデカミン」といった私が長年愛飲してきた「炭酸飲料」は、炭酸水に調味料と香料を混ぜ合わせたソフトドリンクの類で、それらは非常に飲みやすくかつ美味しい反面、糖分過多など健康に害を及ぼす可能性も捨てきれない。

そこで今回は、無糖の炭酸水に挑戦する。どうせ炭酸を飲むなら甘い方が美味しいし、「味がしない水は個性のない水だ」という偏見も手伝って、今まで見向きもしてこなかった炭酸水。コンビニ、スーパー、ドラッグストアにてその姿を見る機会が多くなってきたのは知っている。どうやら世の健康ブームに乗っかって炭酸水は結構幅を利かせているようだ。

炭酸水は健康にも良いらしく、整腸作用と血行促進、さらに疲労回復やダイエットにも効果があるらしいという優れものだ。飲むだけでなく炭酸水でパックをしたり髪を洗う人もいたりするのだから驚いた。おいおい、炭酸水っていったいなんなんだ。


今回購入したのは、メジャーどころの「ウィルキンソン」とサントリーの「天然水 THE STRONG」、さらに西友やイオングループで販売されているプライベートブランドの炭酸水も購入。プライベートブランド物は安価なのでお財布に優しいのだ。

何はともあれ、まずは実飲だ。サントリーの天然水をゴクリゴクリ。うんうん、このシュワシュワがたまんねえんだよな。うんうん、……でも、なんだろう。甘〜い炭酸飲料に毒された生活を送ってきた私には、シュワシュワだけじゃ物足りない。アーノルド・シュワルツェネッガーではなくてアーノルド・シュワで終わってしまうようなそんな感じだ。

続けて、ほんのりとレモンやピンクグレープフルーツの味が足されているタイプの炭酸水を口にしてみる。ああ、確かにフルーツの味がする。炭酸との相性も抜群だ。しかし、まだまだ足りない。「ポテトチップス」のうすしお味、「カール」のうすあじはあんなに美味しいのに、炭酸水のうす味には満足できないのは何故なんだ。

何かいい方法はないものかと調べたところ、ジャムやシロップ、ビネガードリンクを炭酸水で割って、自分好みの炭酸水割りを作る方法があるらしい。ないものは自分で作る。人間はいつだってそうやって進化してきたのだ。


というわけで追加で買ってきたものが、カルディオリジナルのコーラシロップとバナナシロップ。ちょっとだけ高級そうなリンゴジャム、そしてミツカンが販売している「フルーティスＲＩＣＨ マンゴーピーチ」というビネガードリンクも購入してきた。

まずはスタンダードなものがいいだろうと、コーラシロップを炭酸水で割ってみる。ラベルに書かれた説明文に従い、氷を入れたグラスに、よく冷えた炭酸水とコーラシロップを三対一の割合で配合する。

普段飲んでいるコーラと何が違うんだと言われたら、シロップの量を変えることで甘さを抑え、糖分過多にならないように調整できるということであろうか。クイっと飲んでみると、なんとも薬っぽい味がする。シナモン系があまり得意ではないので、ちょっと大人の味過ぎる。私は立派なおじさんだけど大人ではないのだ。のどごし爽やかなテイストも感じるのだが、これならまだ普段飲んでいる養命酒のほうが、自分の好みに近い気がする。

ならばやってみればいいだけのこと。朝夕飲んでいる養命酒の炭酸水割りを試してみる。うん、これならいける。慣れ親しんだ養命酒がシュワシュワしているだけでちょっと感動する。この感動はアレだ。子供のころに初めて「カルピスソーダ」を飲んだ時のアレに近い。カルピスがシュワシュワしただけでまるで別の飲み物になったかのような驚き、炭酸飲料は魔法の飲み物だと信じて疑わなかったあの気持ち。あの感動を私はいつの間にか忘れていた。私は今までなんて雑に炭酸飲料を飲んできたんだ。一番近くにいてくれる人に一番優しくしなきゃいけないのに……。なんだか悲しい気持ちになってくる。

この悲しみも炭酸水で割れたらいいのにな。そんなことを思いながら、お次はリンゴジャムと炭酸水をシェイクする。うん、美味い。グラスの底に溜まったリンゴの果実がまた炭酸とよく合う。これはアレだな。「シーフードヌードル」の残り汁を飲み干した時に、底にたまっているエビやイカの具材の美味しさに似ている。アレがこの世で一番のご馳走だと信じて疑わなかったころが懐かしい。

そして今回の本命、フルーティスの炭酸水割り。これが実に大当たり。元々ビールよりもカクテル派である私の好みにピッタリだ。何より隠し味としての「お酢」がいい。この酸っぱさが確実にコクを深めてくれている。ミツカンならではのクオリティ、ミツカンは調味料だけじゃないんだな……、なんて恐ろしい会社なんだ。今後の健康維持のために「お酢」についても勉強する必要がありそうだ。こまめな水分補給が必要とされる季節に、炭酸水は大きな役割を果たしてくれるに違いない。

炭酸水割りを何個も作っていると、自分がバーテンにでもなったかのような錯覚を覚える。と同時にせっかくのスペシャル炭酸水割りを味気ないコップで飲むのが少しもったいない気がしてきた。

そこで私は、化粧品売り場と同じぐらい足を運ぶことのなかった雑貨屋に立ち寄ったり、ショッピングサイトを徘徊したりしてマイグラスを吟味し始めた。飲み物さえ飲めれば入れ物なんて何でもいいと思っていた過去の私はもういない。そうだ、どうせなら彼女と一緒に使えるペアグラスがいい。ペアルックはもちろん、おそろいの物を持つことを断固として拒否してきた恥ずかしがり屋の私だが、グラスぐらいなら我慢できる。

自宅にて、おそろいのグラスに入れたフルーティス割りで一杯やることに。割り切れないことが多い毎日だからこそ、せめて炭酸水割りでスッキリしませんか。なんて売れないコピーライターが考えそうなアホな文言が頭に浮かんでは消えていく。

だが、言いたいことは私も同じだ。人生は割り切れないことだらけだが、炭酸水で割れないものはない。いや、割ったつもりで誤魔化し誤魔化し生きていこう。歳を取っていくにつれ味の好みも変わっていくことだろう。年老いた私は、いったい何を炭酸水で割ることになるんだろう。それが楽しみで仕方がない。

ただ、困ったことがひとつある。炭酸飲料とよりを戻してからというもの、今まで深い付き合いをしてきたルイボスティーのことがやけに気になって仕方がない。今度の休みにはちょっと変わったルイボスティーでも探しに行こうかな。それとも、ルイボスティー割りを試してみようか。

女癖が悪いのは自分でも重々承知していたが、まさか飲み物に関してまで、こうもだらしないとは……でも、そんな自分が嫌いではない。ストレートに生きることができないろくでなしの喉にこそ、炭酸のシュワシュワは心地良く染みるのだから。

恥ずかしい！だけど楽しいトルソーウォーキング

私はずっとだらしない姿勢で生きてきた。恥ずかしい。穴があったら入りたい。

「前から思ってたんだけど、もう少し背筋伸ばして歩いてくんないかな。一緒に歩いててちょっと恥ずかしいんだよね」

同棲中の恋人からの思わぬひとことに、私はひどく狼狽してしまう。

「え、確かに少し猫背だとは思うけど、そのだらしなさがちょっと格好良くない？　年季が入ったオッサンの渋さを感じ……」

「ないです。靴の裏を引きずって歩くクセもみっともないし」

いつも言いにくいことをハッキリと言ってくれてありがとう。愛ゆえの真っすぐな言葉、君の言葉が私を蝶にするだろう。


そうです。猫背なんです。

執筆中も外を歩いているときも、メシを食っているときも、とにもかくにも猫背なんである。常に首がぐいっと前に出ており、坊主頭も手伝い、その見た目はまるで亀のよう。自分の姿勢が悪いことには薄々気づいてはいたのだが、先程も書いた通り、その猫背スタイルが逆に格好良いんじゃないか。私のようなしがない作家にはしっくりくるんじゃないかと勘違いしていた。

それに、オッサンのくせにやけに姿勢が良いのって何か変じゃなかろうか。頑張って背筋伸ばしてますって感じ、逆に見苦しくないだろうか。あるがままに枯れていくのも一興ではないでしょうか。なんて自分を納得させてきたが、そういう考え方こそが一つ間違えば老害につながるのかもしれない。

スマホの普及、PCを使っての書き仕事、肥満による体形の変化、様々な要因が重なり、私の猫背は年々悪化の一途をたどってきた。たかが猫背、されど猫背。肩こり、腰痛、自律神経の乱れ、胃腸機能低下など、猫背によって引き起こされるトラブルは多岐にわたる。そろそろ自分の猫背と真剣に向き合うときがきたようだ。

では正しい姿勢とはどういう姿勢なのか。調べてみたところ、以下のようなことらしい。

壁に背を向け、こぶし一つ分開いた足幅で立ち、「後頭部」、「肩甲骨」、おしりにある「仙骨」、「かかと」を壁にピッタリとつける。さらに、横から見たときに「耳の穴」「肩の中央」「脚の付け根の外側」「ヒザの外側中央」がまっすぐになるように意識して立つ。これが理想とのことだった。

実際に立ってみたが、これは苦行でしかない。背中を壁につけるだけで一苦労。どれだけ普段の姿勢が良くないのか一目瞭然である。部活でやっていた空気椅子のしんどさを思い出す。昔に通っていたリラクゼーションサロンで、担当の中国人男性技師が「あいや〜！　バリ硬ね！　バリ硬ね！」と驚いていたぐらい、私の背中は末期的状態らしい。肩甲骨まわりがガチガチに固まっており、そのせいで最近は肩こりもひどいし、呼吸もしにくくなってきた。これはなかなかに死活問題かもしれない。

同棲中の彼女に倣って、まずはお風呂上りのエクササイズを実践してみる。多種多様な器具を使い毎日マッサージに励む彼女のことを、どこか好奇のまなざしで見つめていた私。あなたの日々の努力に気づかずにいた自分が恥ずかしい。本当にごめんなさい。

まずは筋膜ローラーで首、背中、腰回りの筋肉をほぐす。これも……痛い。地味に痛い。そりゃそうだ。今までなんの手入れもしていなかった荒地に鍬を打ち付けているのだ。痛くて当たり前である。

次はストレッチングクッションを試す。クッションを床に置き、かまぼこのようなアーチ状になっている部分に背骨の位置を合わせて寝転がる。自分の手が届かない場所が刺激されてとても気持ち良い。背伸びをしたり、平泳ぎをするように手足をジタバタしたりして、肩甲骨と仙骨を動かすことをイメージして背中全体をほぐしていく。なんとも情けない格好だが、この一挙手一投足が明日の健康へつながると思えば頑張れる。

「裏返しになって起き上がれない虫みたいだね」という恋人の辛辣な言葉にも負けない。

最後にストレッチボールを使い、体の至る所を丹念に揉みしだく。四十歳までは好きな女のおっぱいを揉むことだけを考えて生きてきたが、これから先はそれと同じぐらい自分の体を揉んでやろう。私はそう決めた。私は本気だぞ。

さて、一週間ほどマッサージを継続してみたが、その効果はいかに？　なんとあれだけ悩まされていた肩こりが若干マシになってきた。頻発していた片頭痛や耳鳴りもおさまり、体調は上昇傾向にある。風呂上がりの十五分程度のマッサージでこれだけの効果があるのだから驚きだ。騙されたと思ってあなたもやった方が良い。

仕事中も常に背筋を伸ばすことを意識するように心がけてみた。執筆の合間に簡単なストレッチも取り入れると気分は上々。ただ、いくら心身が整ったところで執筆速度が遅いのは変わらない。それとこれとは全くの別のお話だ。ただ、どうせ思い悩むのなら、心身ともに健康で思い悩むほうが気分が良い。迷惑をかけられ続ける編集の方にはなんとも申し訳ない話だが。

姿勢良く生きることの大切さを知った私は、ある男の力を借りることを決心する。その男の名はデューク更家《さらいえ》。「デュークズウォーキング」という独自のウォーキングエクササイズを発案し、一世を風靡したウォーキングトレーナーである。

その怪しげな風貌と軽薄な関西弁に加え、モナコに住んでいるとか、龍と交信ができるというヤバめな情報もあり、私はどこかで、いやハッキリとデューク更家を舐めていた。今まで馬鹿にしていてごめんなさい。健康に良い歩き方の第一人者といえばデューク、貴方しかいない。

昔の本で申し訳ないが古本屋でデュークさんのＤＶＤブックを購入。ＹｏｕＴｕｂｅチャンネルの動画も参考に、歩き方革命を開始する。

大切なことは、一本の線の上を歩くこと。へそのあたりから自分の前に一本の線を思い描き、その上を背筋と膝を伸ばした綺麗な姿勢でゆっくりと歩く。はじめの一歩を踏み出すときはヘソを持ち上げるような感覚で、足はかかとからしっかりと着地させること。基本歩行に慣れてきたら、かかと立ちとつま先立ちを組み合わせて足首のエクササイズするのも効果的だという。

同じく腕の振り方も重要である。子供のころ、運動会の行進などで「腕を大きく前後に振りましょう」と先生から習ったが、腕は後ろに「引く」感じで振るのが正しいのだという。肘をお腹より前に出さないように腕を後ろに引くと、背筋と肩甲骨がピンと伸びて身体のバランスが良くなる。

すごい、ちょっと意識をして歩いてみるだけで全然違う。歩いているだけで気持ち良くなって軽く昇天しそうになる瞬間がたまにある。本当にある。ああ、私は今までなんてだらしない歩き方をしていたんだ。デューク、あんた、本当にすげえ人だったんだな。私はあんたのことを見くびり過ぎていたようだ。


そしていよいよメインディッシュだ。デューク更家の代名詞でもあるクネクネウォーキング、その名も「トルソーウォーキング」に挑戦だ。昔は心底馬鹿にしていたこの動きも、今となっては科学的根拠に基づいた理想的な歩き方に思えてくる。私はもうデュークの虜なのさ。

一歩踏み出すときに「シュン！」と声を出すのが効果的ですという一文には一抹の不安を覚えたものの、その言葉を信じ、バレリーナのように両手を上げ、体をくねらせながら「シュンシュン」と言いながら部屋の中を歩く、歩く、ひたすら歩く。なんだろう、この充実感。クラブに初めて行ったとき、可愛い女の子に勧められ、慣れないパラパラを踊ってみたら、やけに楽しかったあの夜のことを思い出す。恥を捨てること、それも健康に生きる上で大事なことなのかもしれない。

結論。デュークのウォーキングは健康に良いかどうかはわからんが、やらないよりはやった方が毎日が楽しくなる。


余談になるが、私の祖母は現在九十九歳でこのままいくと百歳の大台を迎えるであろう超健康体である。最近はさすがにガタがきているが、九十五歳まではいっさい腰も曲がらず、近所のうどん屋で働いていた剛の人である。昔、婆ちゃんに健康の秘訣を聞いてみたら「とにかく歩くことやなぁ、へそのあたりに力を入れて、自分の足で地面を耕すつもりで、畑仕事のつもりで真っすぐ歩くだけで毎日健康や」と言っていた。

デュークに祖母。私のまわりには日々のウォーキングで健康を実証してきた人が二人もいる。そんな二人に倣って、私は今日も背筋をピンと伸ばし、姿勢良く街を歩くのだ。

あと、パチンコや競馬で負けた帰り道、ガールズバーで生意気な年下の女の子にこっぴどく叱られた帰り道にトルソーウォーキングをすると、沈んだ心がちょっとだけ楽になるのでメンタルケアにもおすすめである。

愛の名のもとにダイエットに再挑戦！

就寝前、午前三時の体重計は「九五・五キロ」の数値を叩き出していた。

しまった。

太った。

すみません、また太ってしまいました。

付き合いの長い人には「お前はやっぱりそれぐらい太ってた方がいい。見ているこっちも安心するよ」と優しい言葉をかけてもらえるのだが、これは非常に由々しき事態である。

この本の主旨は「目標体重を達成しました！」とか「ほうれい線が消えました！」といった明確な結果を追い求めるものではない。ふとしたきっかけでセルフケアに目覚めた四十過ぎのおっさんが、様々な美容法や健康にいいとされるものを、試しては飽きてを繰り返す悲喜こもごもの日々を綴るエッセイなわけである。ダメならダメでまた自堕落な日々に戻ることもやむなし。それぐらいのゆるゆるな感じでやってきた。

ところが、約三年近くそんな生活を続けているうちに、私の心境にも若干の変化があった。

「もう二度と太りたくない……」

一生〝みにくいアヒルの子〟でいいと思っていた私が、こんな気持ちになるなんて。白鳥になれなくてもいい。〝ちょっとだけマシなアヒル〟でいさせて。

ということで何回目かわからぬダイエットに挑戦である。

当面の目標は八五キロ、せめて九〇キロをオーバーしないようにはしたい。

目標をクリアしても標準体重を三十キロも上回る立派な肥満体なわけだが、私にはこれぐらいの体重がちょうどいい。あまり痩せすぎても貧相な見た目になるので、これ以上の減量は必要ないのだ。

今の私に必要なこと。それは現状を冷静に把握することだ。どんなルーティンで一日を過ごしているのかを書き起こしてみることで問題点が明らかになるに違いない。

まずは起床時にしていることから。

・早朝五時に起床。起床後すぐ、寝覚めの一杯としてルイボスティーを飲む。
・糸ようじや歯間ブラシを使い丁寧に歯磨き。
・血圧計で血圧測定。最近また数値が上がってきている。
・洗顔と一緒に「サイナス・リンス」で鼻うがい。鼻うがいを始めてから鼻づまりに悩まされることが少なくなった。
・洗顔後は化粧水、乳液でお手入れ。
・バナナと自作のヨーグルトなどで朝食は控えめに済ます。
・実は最近、週五で会社勤めを始めた。起床してから出社するまでのわずかな時間で原稿仕事に取り組む。起き抜けのほうが集中力が高まるようで、とにかく仕事が捗る。
・出社前にスプレータイプの日焼け止めを顔と体に噴射。坊主頭の私は頭皮にも噴射。
・仕事前の気つけの一杯に養命酒をゴクリ。

昼、職場にて。

・こまめな水分補給を心がける。持参した水筒に入っている自作のルイボスティーをごくごく飲む。たらふく飲む。
・家から徒歩五分の距離に職場があるので、昼食は基本的に自宅に戻って取る。簡単な運動も兼ねて早歩きで帰宅。同棲中の恋人が作り置きしてくれたご飯を食べる。野菜やキノコなど栄養のバランスを考えたメニューが毎回用意されていて大助かり。

仕事が終わってからはこんな感じ。

・週三ぐらいの頻度で「チョコザップ」に足を運ぶ。運動よりもコワーキングスペースを使って書き仕事だけしたり、無料のプロテインドリンクを飲むだけの日もあったりと怠け気味。
・ドラッグストアに寄り道していろいろと物色。コンビニに寄って、買い食いして帰ることはほぼなくなった。
・帰宅後すぐに食事、昼メシと同じく彼女が作ってくれた愛情たっぷりの晩メシをペロリ。
・食後に家事をひととおり終わらせ瞑想タイムへ。そのまま寝てしまうことも多いため「お前のは瞑想ではなくてただの居眠りだ」と恋人によく叱られる。

就寝前のルーティンはこちら。

・ゆっくりとお風呂に入る。最近は入浴剤に凝り始めた。効能がどうとか調べ出すとキリがないので「今日は青い酒が飲みたい」とバーでカクテルを頼む時と同じように、その日の気分で「色」で入浴剤を決めている。
・体を洗うときに、こんにゃくスポンジを使ってひじとひざの黒ずみをゴシゴシこする。
・洗顔ネットを使って丁寧に顔を洗う。シャンプーは泡タイプ、ボディソープはつぶ塩が入ったものが最近のお気に入り。
・夜の鼻うがいと歯磨き。
・風呂上りにリンゴ酢を炭酸水で割ったものをゴクゴクと飲む。
・洗顔後の化粧水↓シートマスクのコンビネーション。いろいろ浮気をしたが結局「ルルルン」のマスクを愛用している。
・風呂上りで柔らかくなった体を筋膜ローラー、ストレッチボールなどで伸ばして猫背矯正。
・両肩と両手にせんねん灸を据えて、夜の瞑想タイム。そのまま寝てしまい、せんねん灸よりもきついお灸を彼女に据えられる。
・寝る前に血圧測定、養命酒を一杯、リップクリームを塗って唇の保湿をして就寝。

ざっと書いてみただけでこんな感じである。自分でいうのもなんだが結構頑張っている。それなのにどうして私はブクブクと太ってしまったのだろう。

ルーティンを改めて見直してみると、その原因は明らかである。毎日の運動量が圧倒的に足りていない。こと食事に関しては、ここ一〜二ヶ月の間、私と恋人が同時に体調を崩してしまったのもあり、コンビニや外食中心の食生活だったのだ。コンビニ飯は添加物が心配だし、外食に行くとついつい食い過ぎてしまう。やはり自炊した料理でないとどうしても太りやすい。

改善点としては、もう少し真剣にチョコザップで運動に取り組むこと。手頃な運動として最近サボりがちだった縄跳びを頑張ること。夢はでっかく二重跳びを大台の百回……いや五十回にしておこう。無理をしないことも大事である。そして何より自炊の徹底であろう。炊事を彼女に頼りっきりになっている現状を打破するために、私が料理のレパートリーを増やせば、毎日の食卓が充実すること間違いなし。


うん、これでやるべきことが明確になった。そして毎日のルーティンを書き出してもうひとつわかったこと。それは私が今やっていることのすべては彼女のアドバイスと実行力のおかげということである。出会ったとき一三〇キロ近くあった私に「あなたは可愛くなるポテンシャルがある。私に任せなさい」と宣言し、その言葉の通り、私の生活を変えてくれた人。命の恩人ともいえるこの人に「よく頑張ったね」と褒めてもらいたい。

「ムキムキボディの色白王子さまなんて望んでない。少し太っちょの肌スベスベ健康おじさんでいて欲しい」

愛する人の控えめな願いを叶える。それが私の当面の生きる目標なのです。

化粧水とシートマスクへの過剰な愛情

寂しがり屋の
おじさんは
みんなに相手を
してもらえ
ないと死んで
しまうから

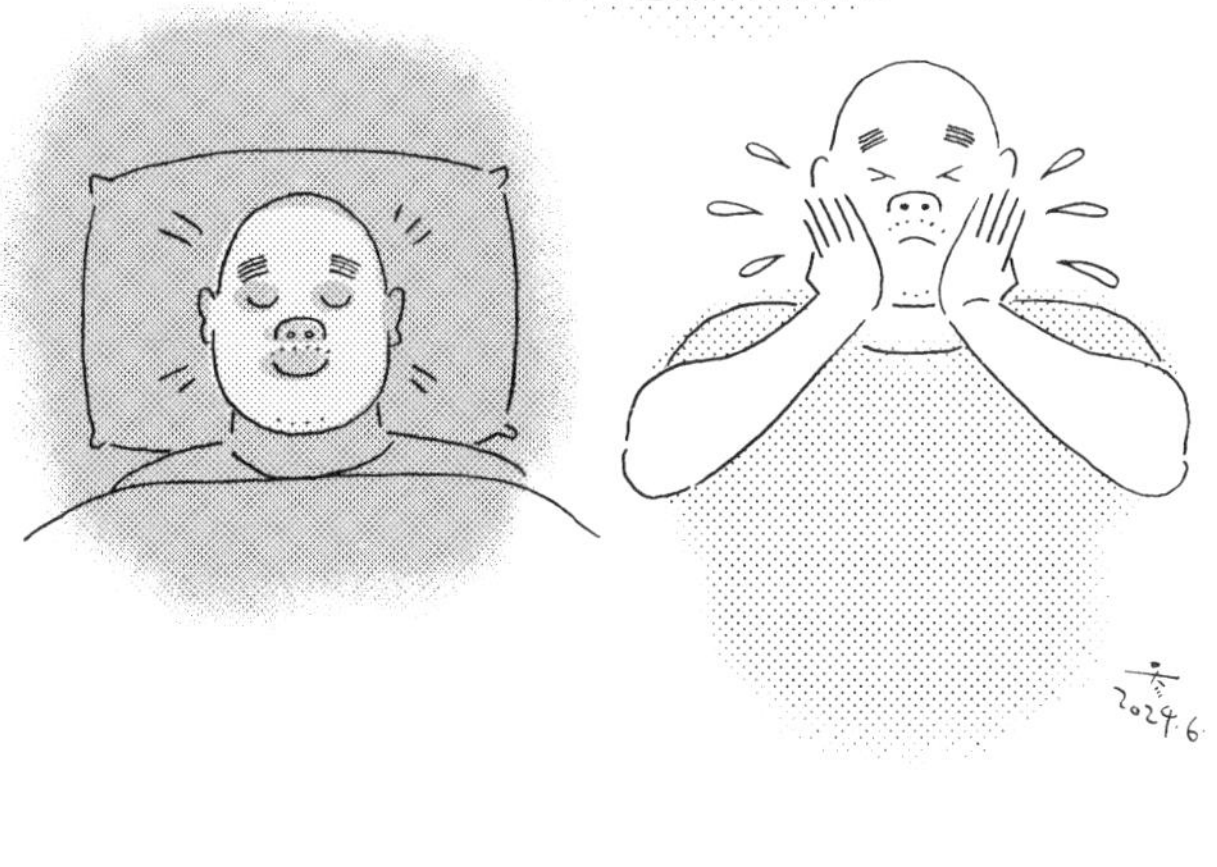

身もふたもないことを言ってもいいだろうか。
二、三年余りかけて、美容と健康に良いとされるものをアレコレ試して辿り着いた答え、それは「おじさんの美容って、まずは洗顔後の化粧水とシートマスクだけで充分なんじゃないか」という結論である。
美容初心者の分際で何を偉そうにと言われたらそれまでの話だが、数年前までブヨブヨでドロドロの油ギッシュ肌だった私が、プルプルでモチモチの健康な肌に生まれ変われたのは、ひとえに化粧水とシートマスクのおかげなのだ。

だって、私が胸を張って「毎日ちゃんと継続しています」と言えるのは、洗顔後の化粧水とシートマスクぐらいなもんなのである。いろいろ試してはすぐに飽きるサボり症な私でごめんなさい。でも、それもまたおじさんの〝リアル〟だと思うのだ。素直に認めないといけない。我々おじさんは一気にたくさんのことはもうできないのです。

現在、体重が絶賛リバウンド中の身なわけだが、そんな危機的状況でもモチモチ肌をなんとか死守できているのは、就寝前の化粧水とシートマスクの力に他ならない。

そう、すべての始まりは、この本のタイトルにもなっている「午前三時の化粧水」だった。

何から手をつけていいかわからないが、まあ、基本は化粧水なんでしょうねと、軽い気持ちで手にした一本の化粧水。化粧水に関する知識など皆無の私は、自分の大好物である豆腐に多く含まれる栄養素だからという理由で「豆乳イソフラボン化粧水」を購入した。

染み込ませるというよりは、化粧水を顔に勢いよくぶっかけたというのが正しい表現だろう。

でも、たったそれだけのことで、私の人生は大きく変わってしまった。

翌朝、起き抜けの肌を触ったときの感動は今も忘れることができない。自分の体の中にこんなに柔らかい部分がまだ残されていたんだなと、何度もほっぺをつねったのを覚えている。

あの日、深夜のドン・キホーテの化粧品売り場から、革命の狼煙《のろし》は上がったのだ。


化粧水とセットで始めてみたシートマスク。こんな面倒なことを毎日続けられるわけがないと半ば諦めていたはずなのに、今ではこれをしないと気持ち悪くなってしまうぐらいに、私の生活に欠かせないものになった。仕事に疲れてクタクタの日も、朝まで飲み明かしてグデングデンの日も、お腹の調子がゴロゴロな日も、同棲中の恋人と喧嘩をしてプンプンの日も、シートマスクをせずに寝る日は一日とてなかった。

肌を通じてじんわりじんわりと浸透していく化粧水が、その日あった嫌なことのすべてをリセットしてくれて、明日からまた頑張ろうという勇気が沸々と湧いてくる。私にとってのシートマスクとはそんな魔法のアイテムなのだ。

「あなたって自分の不幸を笑い話にしているけど、それってつらいことに強いんじゃなくて、つらいって思わないように誤魔化してきただけだよね」

同棲中の恋人から何度も言われてきた言葉である。そうなのだ。私は人生のままならないことのすべてを「ま、いいか」と誤魔化して生きてきた。だけど本当は声を出して泣きたかった。本当はもっと誰かに優しくしてほしかったのに。

四十を過ぎ、心身共に無理がきかなくなってきた今こそ、自分で自分を癒やすしか、ただでさえしんどい現代社会を生き抜く術はない。私にとってのセルフケア、癒やし、いや救いとなっているのが日々の化粧水とシートマスクなのだ。

日々の化粧水だけでなく、特別な化粧水もある。担当編集からいただいた「雪肌精」だ。あの羽生結弦がCMをしていたことでも有名な製品である。化粧水をプレゼントしてもらう、しかも男性から受け取るだなんてことが生まれて初めてだったので、嬉しいやらもったいないやらでずっと使えていない。こういう宝物みたいにずっと使わない化粧水っていうのもまた面白いなと思う。

加えて、毎日化粧水をつけている効果なのか、手のひらも異様にスベスベしている。それが嬉しくて、会う人会う人と無意味に握手をしてしまうクセがついた。おそらく政治家レベルの回数で握手をしているだろう。

目から鱗だったのは、化粧水は顔につけるだけではなく、首や脇など体全体にベタベタつける方がいいということだ。私のような面倒臭がりの人は、百均ショップなどで売っているスプレーボトルに化粧水を詰め替え、シュッシュッシュッと身体に振りかけるのがおすすめです。美容というよりも自分という食材に味付けをしているような気持ちでシュッシュッとやっている。

いわゆる「THEぽっちゃり体型」の私である。どうせなら、このまま身体中スベスベになって、かのミシュランマンのようなマシュマロボディになってやろうと目論んでいる。

シートマスクについては、MEGUMIさんも著書でおすすめしている「ルルルンプレシャス」のGREENをずっと愛用しているが、酒粕マスクもお気に入り。それとは別に安価で大量に買える韓国製のものもよく使っている。ハチミツやカタツムリ、果てはサソリのエキスが配合された変わり種まであって全然飽きが来ない。美容の世界にもサブカルはちゃんと存在していてちょっと安心する。ただし、効果は未知数。

朝用、夜用と時間帯において使い分けをするタイプもある。昔付き合っていた恋人が自分の唾を変態に売って生計を立てているようなたくましい女性だったのだが、「変態さんが言うにはね。朝の唾と夜の唾って風味がちょっと違うらしいよ」と、その子がよく言っていた。マスクにもそれと同じことが言えるってわけか、いや全然違うか。

化粧水とシートマスクを自分の手で揉み合わせてマスクを作る「ぎゅっぷる」という製品もある。お菓子の「ねるねるねるね」にも似たこういうひと手間かけるタイプに私は滅法弱い。

最近ではドラッグストアや百均ショップでも安価な自社ブランド製品を多数展開しているので、いろんなお店に足を運んではそれを探すのが楽しい。

ここ最近使った中でしっくりきたのは「采之汲」の和漢マスク。100パーセント天然成分由来の和漢植物エキスがふんだんに使われており、合成色素・人工香料・鉱物油不使用という優れものである。あとは「インフィニティ」のオールインワンフェイシャルマスクという化粧水、乳液、美容液の効果がひとつにまとまったものが面倒臭がりな私には本当にありがたい。

という風に、いつのまにか、化粧水とシートマスクは、私の生活必需品となった。

作家という職業を営んでいるが、実は私は文章を書くのがそれほど好きではない。好きではないが、自分の手で面白いことを表現しようとしたときに、文章を書くしか私には手段がない。だから、どんなにつらいことがあっても私は文章を書き続ける。

美容もそれと同じ理屈で、別にそこまで美しくなりたいわけではないのだ。ただ私は老若男女問わず誰かと話すことが大好きだ。でも不潔な私では、だらしない格好をした私では、私と向き合って話そうとしてくれる人がいなくなるに違いない。だからこそ美容が必要なのだ。寂しがり屋のおじさんはみんなに相手をしてもらえないと死んでしまうから、清潔感のあるおじさんでいないといけない。それに、隣を歩く彼女にだって恥ずかしい思いをさせてはいけない。だから私はこれからも化粧水とシートマスクをやり続ける。美容も仕事も人生も、才能より自分に続けられることをやるしかないのだから。

世のおじさんたちよ、いや年齢性別を問わず、私と同じような面倒臭がりな人たちよ。一度でいい。いつもより丁寧に顔を洗ってみませんか。寝る前にバッシャーンと景気よく化粧水をつけてみませんか。ダメならダメでそれでいい。でも何かが変わるかもしれません。

私には切なる願いが二つある。どうか顔がデカい男性用のシートマスクがもっと増えて欲しい。大きめサイズの服で有名な「サカゼン」のようなメンズコスメブランドができたら、私は小躍りして喜びます。いつも小さめサイズのマスクをうんとこどっこいしょと引き延ばしてつけるのはちょいと大変なのだ。

そしてもう一つ。トークイベントやサイン会などで差し入れをいただく機会があるのだが、無類のツナ好きを公言しているせいか、両手に溢れんばかりのツナ缶をいただくことが多い。

それはそれで非常にありがたいのだが、これからは美容に関する豆知識なんかを教えていただけたら嬉しいです。おすすめのシートマスクと化粧水の情報なんて最高です。

美容は
自分のために
健康は
大切な人の
ために

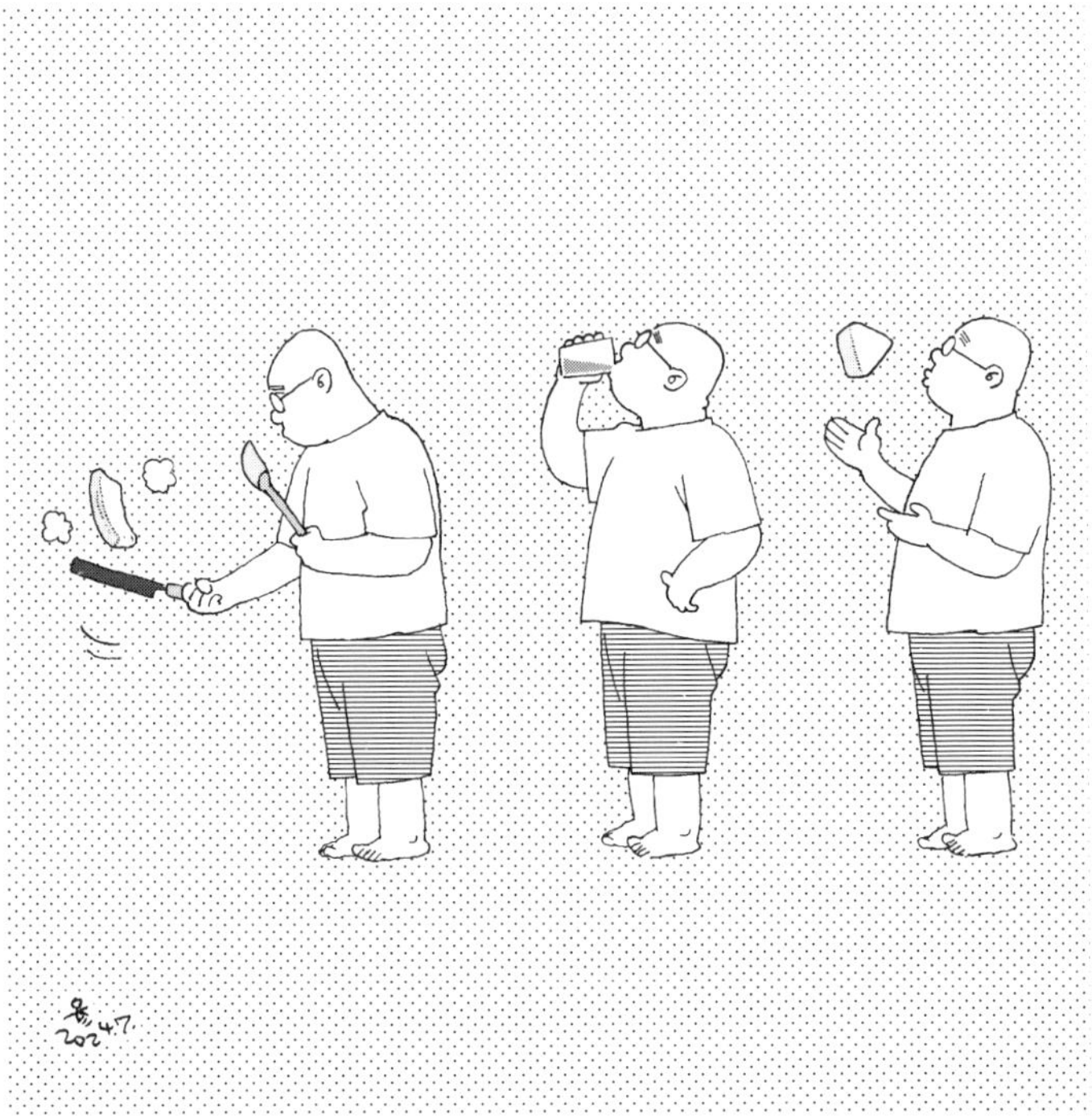

私が今、健康な日々を過ごせているのは、最愛の恋人のおかげである。もっと正しく言えば、彼女が私についたひとつのウソのおかげである。

「あなた麦茶大好きでしょ？　だったら絶対これ好きだと思うよ」

付き合い始めた当初、そう言って彼女が差し出したグラス。可愛いシロクマがプリントされたおしゃれなグラスに注がれた赤褐色の飲み物が、午前三時の化粧水と同じように、私の人生を劇的に変えてしまった。

その飲み物の名はルイボスティー。今更もう説明する必要もないが、南アフリカ原産のハーブティーであり、大量のミネラルを含む上にノンカフェインということで、美容や健康維持にも抜群の効果があるとされる健康茶だ。

炭酸飲料を一日に三リットル以上がぶ飲みするという糖分過多の食生活を送っていた私を救うため、彼女が目をつけたのがルイボスティーだった。

「おお、こんな美味い飲み物、今まで飲んだことないよ」

「ちょっと高級な茶葉使ってるんだよ」

正直に名前を伝えたら「そんな横文字のお茶飲めるか！」と拒否されるのを見越した彼女のファインプレイだった。来る日も来る日もルイボスティーを飲んで飲んで飲みまくる私。三ヶ月ほど経ってから「ごめんね、それってルイボスティーっていう外国のお茶なんだ」と真実を告げられても怒る気にはなれなかった。だって私はもう、身も心もルイボスティーの虜になってしまっていたのだから。

そんなきっかけで、ここ数年間にわたりルイボスティーを飲み続けてきた。お湯で煮出したルイボスティーを冷蔵庫で冷やして飲むのが一番のお気に入りである。ホットもいいがやはりアイスがいい。真冬であろうとも立ち食い蕎麦屋で冷やし蕎麦を頼む気質はルイボスティーに対しても変わることはない。近所のスーパー、成城石井、カルディなどで売っているものを手当たり次第に飲み漁ってみたが、私の好みにピッタリだったのが伊藤園の「ヘルシールイボスティー」だった。緑茶に飽き足らずルイボスティーまでも極めようというのか、伊藤園という会社はまことに恐ろしい会社である。

最近は、有名コンビニ各社も自社ブランドのルイボスティーを販売している。私のおすすめは、Ａｆｔｅｒｎｏｏｎ Ｔｅａ監修の「ファミマル」のルイボスティーだ。渋み少なめの後味スッキリでとにかく飲みやすい。期間限定商品の「〇〇香るルイボスティー」シリーズもべらぼうに美味い。そう、ルイボスティーはフルーツと組み合わせることでさらに旨味を増すのだ。「ピーチ香るルイボスティー」がマイフェイバリットなのだが、「ライチ香るルイボスティー」も暑い夏には重宝しそうである。

熱中症対策として、外出時はマイボトルにルイボスティーを入れて携帯しているのだが、そういうときに役立つのが無印良品の水に溶かすだけの粉末タイプ。これなら面倒臭がりな人にもおすすめである。

私が愛飲しているということから、ファンの方で初めてルイボスティーを飲んだ人がいたのだが「正露丸の味がして不味かった」と酷評していた。うん、言いたいことはわかる。そのような人はぜひグリーンルイボスティーを飲んでみて欲しい。紅茶よりも緑茶寄りのあっさりとした飲み心地なので安心して飲めると思います。

つい最近まで炭酸飲料しか飲んでいなかったおっさんが、大学デビューした若者のようにルイボスティーについて熱弁を振るうのはいささか恥ずかしい。が、四十を過ぎてもまだ何かに夢中になれることが単純に嬉しい。

私とルイボスティーを巡り合わせてくれた恋人には感謝してもしきれない。人間は誰だって死ぬまでに大小問わずたくさんのウソをつくのだから、それならせめて誰かのためにウソをつける人間になりたいと私は思う。

ルイボスティーをきっかけに、健康な食生活を心がけるようになった私は、カップ麺、コンビニ弁当、ウーバーイーツという乱れ切った食生活を猛省し、久しぶりに自炊に挑戦しようと思い立つ。大学生のころにちゃんぽん屋でバイトをしていたので、料理自体に苦手意識はないのだが、面倒臭がりな性格が災いし、大人になってからは自炊の自の字もやっていなかった。食費を抑えるという経済的な面からも自炊を始めるならこのタイミングを逃すわけにはいかない。

とはいえ現状は、一日三食のほとんどを同棲中の恋人に任せっきり。栄養のバランスまで考えて、日々の献立を考えてくれる彼女にはいくら感謝しても感謝しきれない。

ずぼらな自分にもできる料理はないだろうかと思いあぐねた末に、シンプルイズベストという結論にたどり着いた私は、おにぎりと卵焼きを極めることにした。

無洗米というノーベル賞ものの発明により、米を研ぐ工程が省かれ、ストレスなくホカホカのご飯を炊ける時代になった。どこの誰かは存じ上げませんが、無洗米を考案した人よ、本当にありがとうございます。未来永劫感謝し続けます。

おにぎりといえば〝握るだけ〟というイメージが強いが、最近では百均ショップで、動物の形をしたものから、星の形をした子供が喜びそうなものまで、多種多彩なおにぎりを作る専用器具が売られている。

私が愛用しているのは、米と具を入れてぎゅっと握るだけで綺麗な形のおにぎりが出来るシリコンタイプのものだが、使っていて一番楽しいのは一度に六個のおにぎりを作れるアイデアグッズである。容器の中にご飯を入れて、上から押さえつけるだけで完成。おにぎりってこんなに簡単にできていいのかしら。

ツナマヨ、しゃけ、昆布などの具入りの他に「味道楽」や「瀬戸風味」といったお気に入りのふりかけをまぶしたご飯で作るおにぎりも非常に美味しい。

お弁当にも最適だし、夜食として食べるにも最高だしと、おにぎりは万能の食べ物である。だけど不思議なもんで、おにぎりって大切な人にしか作ってあげたくないもんである。だって大切な人に作ってもらったおにぎりって心にじわーっと染みこんでくる喜びがあるものね。子供のころには全然気づかなかったことである。

次に卵焼きである。以前にも書いたことだが、自分が作った卵焼きを恋人に「美味しい」と絶賛された瞬間、私はその場に泣き崩れてしまった。形の崩れたブサイクな卵焼きを「美味しい美味しい、上手にできたね」と食べてくれる人がいる。それが嬉しくて涙が止まらなくなってしまった。子供のように泣きじゃくる私を抱き締め、恋人も一緒に涙をこぼした「卵焼き記念日」を一生忘れはしない。私と彼女のこれからの日々であの日よりも素晴らしい日なんてあるんだろうか。二人してあの日は最高だったねと思い出すのも悪くない気もする。

自分で言うのも恥ずかしいが、文章でも料理でもなんでも、私は褒められた方が伸びるタイプである。というより世の男性の九〇パーセント以上がそうだと思う。

最愛の彼女に褒めてもらえることが嬉しくて、あの日からずっと私は卵焼きを焼き続けている。飽きもせずに食べ続けてくれる彼女には感謝している。私は愛なんてよくわからないけども、これが愛ってやつなんではないかとうっすら思っている。

最近では、卵焼き専用のマイフライパンも購入して腕に磨きをかけている。カニカマや昆布、ハムなど卵焼きの中に入れる具材もいろいろ試しつつ、珠玉の一品を追及しているところだ。クレープのように折り重なった綺麗な断面を見て悦に入ることもしばしばである。恋人がいうには、私は卵焼きをへらでひっくり返すのが上手なのだという。この人と付き合わなかったら、自分の隠れた才能に気づけないまま死んでいた。卵焼きを上手く作れることを教えてくれて本当にありがとう。

おにぎり、野菜の漬物、ソーセージに自慢の卵焼き。そしてルイボスティーの入ったマイボトル。これが今の私が作ることのできるベストのメニューでございます。

もちろん、これだけでは寂しいので、焼きそばやそうめんにパスタなど、私にでもできそうな簡単なレシピには常に挑戦中である。猛暑を乗り切るため、大好きな「シーチキン」をふんだんに使ったツナそうめんにもチャレンジし、見事に失敗した。

私が飽きずに自炊を続けられるのは、いつだって一緒にご飯を食べてくれる恋人の存在が大きい。一人暮らしの身なら、おそらく三日坊主で自炊はやめていた。

雨の日も晴れの日もご機嫌の日も喧嘩をした日も私たちは食事を共にする。一緒に暮らすって、生活ってこういうことだよな。と分かったようなことを思いながら、私は今日も明日も明後日もこの人と一緒にご飯を食べる。

つい先日、仲良くしているデザイナーさんの事務所に出向いた際、お手製の卵焼きを差し入れしてみたら、その人も美味い美味いと私の料理を食べてくれ、またウルウルしてしまった。誰かのために料理を作り、その料理を褒められて嬉しくて泣く。私の余生はこれでいいのかもしれない。

美容はセルフケアが目的だが、健康と料理は自分のためだけではなく大切な人のために努力する方が日々の生活が充実する。

これを読んでいるあなた、あなたの大切な人の料理、もっと褒めてあげてください。褒め過ぎぐらいがちょうどいいですよ。そしてそれはきっとあなたに返ってきますから。

勇気を出して
人生初の
おしゃれ
バーバーへ！

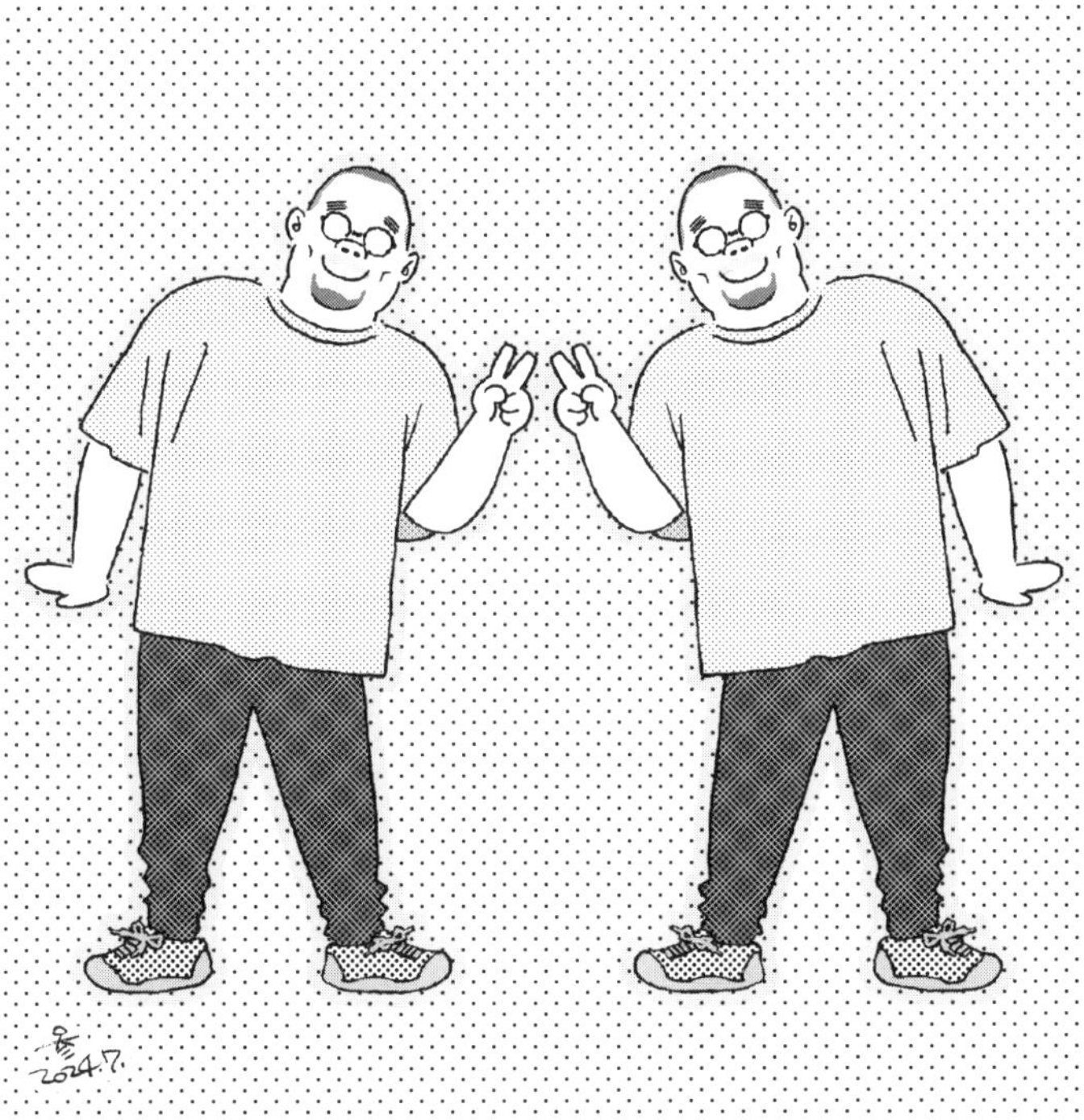

「かっこいいことはなんてかっこ悪いんだろう」という早川義夫さんの言葉が大好きで、この言葉を支えにして今まで生きてきた。

醜くてもいい、ありのままに、欲望のままに生きることこそが真の人間らしさであり、我が人生の美徳とするところである。一見するとだらしない格好で、己の恋愛や恥ずかしい過去をあけすけに書き連ねることこそが、私が追い求める作家の理想像であり、私にできる唯一のことだと信じてやってきた。

だが、それは大きな思い違いで、どうやら私は「無頼派」を気取るだけの器を元から持ち合わせていなかった。そのことに気づかせてくれたのが一本の化粧水だった。寝る前に化粧水をつけただけで起き抜けの肌がもっちりとしていたときの感動よ。ああ、もしかして私ってまだ変わることができるのか？　実は私、ずっとずっと前からもっと格好良くなりたかったんです。まだ間に合うでしょうか。

四十代にして美容と健康に目覚め、おじさんなりに日々の生活を改善してきた結果、はたから見てもそれほど恥ずかしくはない体型を手に入れることができた。その自信を胸に私は今、「ホットペッパービューティー」で、近所にあるメチャクチャおしゃれな理髪店、正しく言えばバーバーを予約したところだ。

カットやヒゲ剃りだけでなく、ファッションの提案、時には美容メニューの提供など、理容室プラスアルファの価値を提供してくれる場所、それがバーバーなのである。

万年坊主頭で髭ぼうぼうのおじさんが、アメリカ西海岸風のバーバーで身なりを整える。他の人から見たらたいしたことではないだろうが、これは私の人生にとっては大きな意味を持つ小さな一歩なのだ。

予約当日、雑居ビルの二階にあるバーバーへと続く階段の前で尻込みをする私。たった十五段ほどの階段を昇る勇気が出ない。若いころから坊主頭なので、バリカンによるセルフカットで散髪は済ませてきた。たまには誰かに髪を切ってもらおうかと、先日、二十何年振りに千円カットに足を運んだのだが、やはりオシャレなバーバーとなると否が応でも敷居の高さを感じてしまう。今すぐ回れ右して千円カットに逃げ込もうか、いや、臆するな、今まで積み重ねてきた美容と健康に関する努力を思い出せ。毎日続けてきたシートマスクと毎日飲んできたルイボスティーの味を思い出せ。

「いらっしゃいませ、ご予約の方ですね？」

階段を昇った先で、元Ｋ－１ファイターの魔裟斗によく似たイケメン店員さんが私を出迎えてくれた。落ち着いた感じの店内には格好良いヒップホップが流れている。

「外、暑いっすよね。今日三十五度まで上がるみたいですよ」

入店直後から汗ダラダラになっている私を見て、気さくに声をかけてくれたのだろうが、すいません、この汗の七割は緊張による冷や汗です。

「今日はどんな感じにしますか？」という質問に「あの……いつも家で自分で坊主にしてるので……自分じゃできない感じの坊主にして欲しいです」とリクエスト。緊張でぼそぼそとしか喋れない私に「ＯＫす。じゃあ襟足から頭頂部にかけて髪の長さが違うスタイルでいきましょう」と微笑みかける魔裟斗似のお兄さん。なんてワイルドかつ優しい笑顔なんだ。あなたになら何をされても大丈夫です。

バリカンとシェーバーを駆使して私の頭を丹念に綺麗に丸めていく。いまだ緊張が取れず、体がカチコチになっている私。大人になっても緊張することってまだまだあるんだな、人生とはげに愉快で難しいものだ……と、ちょっと達観の境地に至り始める。

十分ほどでカットは終了。襟足と耳元はほぼ地肌で、そこから〇・五ミリ、一ミリと頭頂部にかけて長さを変えている。スキンフェードというスタイルらしい。頭を手のひらでなぞり上げるだけでわかる。やっぱりプロってすごいわ。髪の長さも綺麗に統一されているし、惚れ惚れするような出来ばえである。感動で言葉が出ない私に「お似合いですよ」と声をかけてくれる理容師さん。いいおじさんがさっきから照れてばっかりですいません。

カットの後はシャンプーに。誰かに髪を洗ってもらうのなんていつ以来だ。エッチなお店で綺麗なお姉さんに洗ってもらった以来だな。なんとも恥ずかしい話です。

ああ、気持ちがいい。ぐいぐいと時折頭皮をマッサージしてくれるのが快感である。シャンプーをしてもらうためだけに美容院に通う人がいるという話も納得だ。

さっぱりとした後は、シェービングで眉毛と髭を整えてもらう。頬に感じるシェービングクリームの感触。ああ、二十何年振りのぬくもりだ。昔から散髪屋が苦手だったのだが、顔そりの時にあたたかい泡をつけてもらうのは大好きだったことを思い出す。

眉毛と髭をどうするかと聞かれたが、自分に似合う形がわからないので店員さんにお任せすることに。眉毛は細くなりすぎないほうがいいと思うのだが、髭に関してはどういうものがかっこいいのか皆目見当がつかない。

お兄さんのセンスにより、眉毛は太いままで長さだけを整えてもらった。髭に関しては口髭と顎髭をバランス良く残した形に落ち着いた。

「うわ〜、俳優の宇野祥平みたいで格好良い……」と思わず漏らしてしまうぐらいの完成度だ。私という素材には、まだまだこんな可能性が隠されていたんだな。他人の魅力を引き出す理容師、美容師という仕事は実に素晴らしいお仕事である。

九十度に頭を下げて感謝を伝え、バーバーを出た途端、頬に感じる風と照り付ける七月の日差しがとても心地良い。若いころに初めて風俗に行った帰り道にも同じようなことを思った記憶がある。あの魔裟斗似のお兄さんとは長いお付き合いになりそうだ。そんなことを考えながら、足を弾ませながら家に帰る私であった。

バーバーから戻った私は、すぐさま同棲中の彼女に出来ばえを自慢する。死んだような顔で家を出て行ったくせに、帰って来た途端に大はしゃぎしている私に彼女は若干呆れ気味。

「いいじゃん、すごい似合ってる。髭の形は私じゃよくわかんないから助かるね」

「これからも月イチで通おうかな……」

「イイ感じに散髪できたし、記念写真撮ってあげるよ」という彼女の提案に、どうせならお気に入りの服を着てベストショットを撮りたいと私は意気込む。勝手にしなさいという感じで彼女はクローゼットをさぐる。

美容と健康に目覚めてから大きく変わったこと、それは着る服の種類である。今までの私は、アニメ、プロレス、ゲームといった自分の趣味丸出しのド派手なＴシャツを好んで着ていた。そのＴシャツたちは宝物ではあるけれど、この類のＴシャツを着ていればファンの人から「あ～爪さんはそういうの好きだから似合ってますよね」と言われるのを見越して着ていたことも否めない。おしゃれではない自分、いけてない自分を守るバリアとしてそういう服の力を借りていたのだ。

だが、多少は見られるナリになってきた最近では、ワンポイントの刺繍が入ったものや、とにかくシンプルなデザインの服を好んで着るようになった。そうなのだ。元々の私はあっさりとした服が大好きなのだ。ただ、「ブクブクと太ったおじさんがそんな服着てんじゃねえよ、その前にダイエットとか他にやることあんだろ」と思われるのが怖くて手を出せずにいた。

今一番お気に入りの服、無印良品の「ＭＵＪＩ Ｌａｂｏ」（ムジラボ）のセットアップに袖を通し、メガネ屋で新調した新しいメガネをかける。そうだ。昔の私は店員さんに至近距離で顔を見られることが恥ずかしくて、メガネさえ満足に買うことができない男だったな。それが今では用途に合わせてメガネの使い分けをするぐらいになっている。

最後にアクセントとして香水を身体にふりかける。美容に目覚めてからわかったことだが、男ってのは基本臭い。おじさんになったらもうそれは一〇〇パーセント臭い生き物として生きていく覚悟を決めなければいけない。どうせデブならいい匂いのする清潔感のあるデブに私はなりたい。

「はい、こっち向いて」とカメラを向けた彼女が「ちょっとは見れるようになったね」としみじみとつぶやく。

「こんなに可愛くなったのはだれのおかげ?」

「それは全部あなたのおかげです」と感謝の言葉を送る私。そう、美容師や理容師さんもすごいが、何よりすごいのは私に似合う服や靴を見出し、助言をしてくれた彼女。この子がいなければ今の私は存在しない。この服やこの化粧品がいいよと勧めてくれる人は今までにもいたが、「俺には似合わないよ」と嫌がる私を根気強く説得し、責任をもってプロデュースをしてくれたのは彼女だけだった。私の可能性を信じてくれた彼女の心意気、いや執念には感服している。見た目はもう少しマシなおじさんになりたいし、人として君のような素敵な人になりたい。大きくて強い心を持ち、自分の言葉にきちんと責任を持てる人間に私はなりたい。

「今度、近所の写真屋さんでちゃんとした記念写真を撮ろうよ」と言うと、「嬉しいけどその二重まぶたはやめてね」と吹き出す彼女。

そうか、やっぱり二重は似合わないか。

いや、きっと二重が似合う髪型を見つけてみせる。

あのバーバーのお兄さんと一緒に。

最愛の
パートナーと
挑む
最大の挑戦
それは〝生活〟

私事で恐縮ですが、このたび結婚いたしました。本当です。この連載にもたびたび登場していためんこい彼女とめでたく夫婦となりました。内緒にしていてごめんなさい。箝口令《かんこう》が出ていたわけではありません。とてもじゃないが結婚に向いているとは思えない私のことです。もしかしたら発表してすぐに結婚生活が終わってしまうことも考えられました。なのでその際には「黙って結婚して、黙って離婚していました」と報告するのが面白いかな？　なんてしょうもない保険をかけていました。いや、こういう照れ隠しが本当にダサいんですよね。素直に認めます。

私、今、ちゃんと幸せです。

なんだよ、のろけかよとお思いかもしれませんが、結婚という未知の海原《うなばら》に漕ぎ出す決意を固めることができたのは、美容と健康に気を遣うようになってからの私自身の思考の変化が大きかったのです。

就寝前の化粧水にはじまり、朝晩のシートマスクは一日も欠かさない。さよなら炭酸飲料、こんにちはルイボスティー。まさかのメンズメイク、憧れの二重まぶたを手に入れろ。乱れた食生活の改善、よ〜し、自炊にも挑戦だ。縄跳びにチョコザップ、胃カメラ検査だ、ピロリ菌退治だ、健康診断だ。白湯、デューク更家のウォーキング、納豆と、継続できていないものも勿論ある。いろんなものに夢中になったり飽きたりを繰り返しながら、答えのない美容と健康の世界を旅してきたここ数年間は、私の外見を少しマシにしただけではなく、私の人生観まで大きく変えてくれました。

今まで何も労わってこなかったおじさんのボロボロボディは、ちょっとのセルフケアで見違えるような姿へと生まれ変わりました。三十キロ近い減量の成功、ゆで卵の殻を割った後のようなツルツルプヨプヨのお肌を自分で触ってはニンマリしちゃいます。睡眠時の寝つきも良くなり、ご飯も美味しく食べられるようになりました。そして何より表情がとにかく穏やかになったとまわりから言われることが増えました。本当におとぎ話のような劇的な日々が私を待っていました。「美しく変わっていく私を許してね」と少々調子に乗ることもありましたが、自分が生粋の飽き性であることは痛いほど自覚しています。こんな幸せな時間は長くは続くまい。これはひとときのお祭りに過ぎないのだから。いい年こいたおじさんが美容にハマるのはエッセイの良いネタにもなるし、どうせまたブクブク太り始め、彼女にも愛想をつかされて、結局はあの自堕落な日々に舞い戻ることもあるだろう。まあ、それも私にはお似合いのストーリーだな。そんな風に考えていました。

そう、きっと今までの私ならそういう結末を迎えていたに違いないのです。だが、それを許さなかったのが妻でした。

私が興味を持ったことについて徹底的なリサーチを行い、美容初心者の私にでもできそうなプログラムを作成。執筆の下準備から写真撮影にいたるまでのサポート業務をすべて担ってくれました。数年にわたり、この連載が続いたのは、彼女の尽力無しには考えられません。心の底から感謝しています。

思い返せば、出会ったころからずっとずっと有言実行の人でした。太っちょゴブリン時代の私に「あなたは可愛くなるポテンシャルがあるからね。私が毎日〝可愛い〟って言ってあげるから。だから頑張ってみようよ」と常に勇気づけてくれた妻。

私がちょっとでもサボったときに、容赦なく本気で怒ってくれた妻。

私の作った何の変哲もない卵焼きを絶賛し、私と一緒に抱き合って泣いてくれた妻。

「私と別れるようなことがあっても、化粧水をつけたり、バランスの取れた食事をとったり、自分を大切にする習慣をあなたに付けさせるのが私の役目だと思ってる。私に愛されていた証拠をその体に残してあげたい。あなたはそういう幸せをすぐに忘れてしまうから」と、悲壮な決意をいつも語ってくれた妻。

私はこんなに愛にあふれ、美しい人を見たことがありません。

今まで付き合った女性で、ここまで本気で私を変えようとしてくれた人はひとりもいなかった。歴代の恋人たちのような「だらしなさもあなたのいいところだからね。だから私のダメな所も許してね」なんて甘い言葉と妥協はいっさいなし。言葉ではなく、常に自分の背中を見せて私を引っ張ってくれた妻。

私という偏屈な人間を根本から変え、私の中に眠る可能性を見出してくれた恩人であり、友人であり、家族。バイタリティの塊のような女性。

妻の好きなところを聞かれたら「生命力に溢れているところです」と答えることが多い私。この人となら面白おかしい人生を一緒に送れるに違いない。そう確信した私は「結婚」を決意することができました。

なんだかちょっと悔しい。今度は私が妻の生活に何か影響を与えたい。寝ても覚めても「可愛いよ」と伝えることから始めてみようか。「何か企んでるん？」と疑われて終わりのような気もするが。


さて、人生の後半戦にさしかかったところで、いまだかつてない壮大な戦いが幕を開けようとしています。

それが「生活」です。

美容と健康に目覚めた先に待っていたのは、愛する人と共に生きる生活でした。

自分のことを好きになれたからこそ、私は誰かと生きる覚悟を決めたのです。


さあ、美しい生活を始めよう。


この連載を執筆するにあたって心がけてきたことはひとつだけ。

それは美容と健康のハードルをできるだけ下げたいということでした。

おカネがかかる。

時間がかかる。

手間がかかる。

いい歳こいて美容なんて恥ずかしい。

そういったことで一歩を踏み出せない人たちが、こんなおじさんにもできるんだから、このおじさん、なんか楽しそうにしているから、自分もちょっとだけ……と思ってもらえたら嬉しいです。

今の世の中は、インターネットで調べたらすぐに答えが出てきます。
いざ答えを知ってしまうと、失敗を恐れて人は行動をしなくなります。
でもインターネットにも答えが載っていないものがあります。

いつもよりちょっとだけ丁寧に顔を洗ってみてください。
顔を洗った後に化粧水をつけてみてください。
寝る前にシートマスクをしてみてください。
ルイボスティーを飲んでみてください。
チョコザップを始めてみてください。
養命酒を飲んでみてください。
朝起きたら、一杯の白湯を飲んでみてください。
いつもよりちょっと派手なリップを塗ってみてください。
近所にあるバーバーに足を運んでみてください。
眉毛をいつもより細くしてみてください。
パッチリクッキリの二重まぶたにしてみてください。
久しぶりに縄跳びに挑戦してみてください。

いびき対策アプリで自分のいびきを聞いてみてください。

誰かのために久しぶりに料理を作ってみてください。

いい匂いのする柔軟剤を買って洗濯をしてみてください。

日傘を刺して街に繰り出してみてください。

お尻まで体中の毛を全部抜いてみてください。

日本酒を湯船に入れてお風呂に入ってみてください。

せんねん灸に火をつけてみてください。

ヨーグルトを自分で作ってみてください。

納豆は四百回こねてみてください。

怖くても胃カメラ検査を受けてみてください。

トルソーウォーキングをやってみてください。

自分の好きな服じゃなくて誰かに勧められた服を着てみてください。

そのときあなたに何が起こるかなんて答えは誰にもわからないんです。


昔から写真がとにかく苦手で、動物園に行っても、旅行に行っても、どんな記念日にも写真を撮ることを拒んできた私が、結婚を祝して街の小さな写真屋で妻との記念写真を撮りました。

見てください、加山雄三のような若大将ポーズで満面の笑みを見せる私を（216ページ）。

私は美容と生活をこれからも続けます。

あなたは何を続けますか。

今まで何もしてこなかったからこそ伸びしろしかないあなたへ。
パーティーは終わるどころかまだ始まってもいないんです。

PART 3 午前三時の写真館

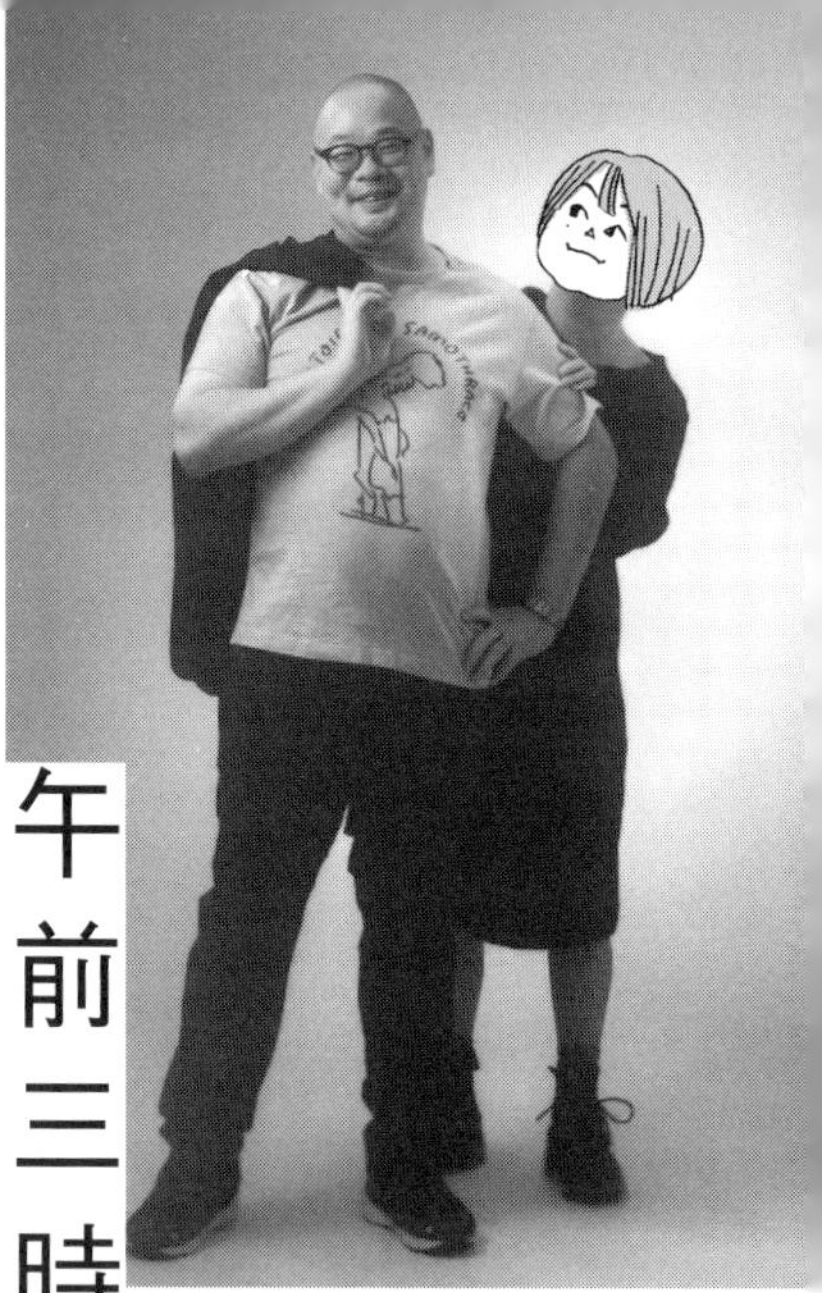

写真館で結婚記念写真。見よ、若かりしころの加山雄三のような若大将ポーズで満面の笑みを見せる著者を。

作家になる恩人のひとりがまんきつさん。感謝を込めて『そうです、私が美容バカです。』の表紙風フォトを。

様々な化粧水とシートマスクを楽しく試してきた。40歳過ぎても、肌だって人生だって変えられるのです。

猫背改善のため、一世を風靡したデューク更家さんの代名詞「トルソーウォーキング」にも挑戦。楽しい！

肌年齢診断に
行ったのよ

「うわっ…私の年収、低すぎ…？」でおなじみの適正年収診断や、現在世界中で大人気の16タイプ性格診断（通称ＭＢＴＩ）と、世の中にはまことに多くの診断テストが存在し、かくいう私も良い暇つぶしとして、そういうものを利用することが多い。

ただ、私に今一番必要な診断はアレしかない。そう、「肌年齢診断」である。

まず肌年齢とは何なのか。読んで字のごとく、自分の肌がどの年齢の水準にあるのかを数値化したものである。健康診断などでわかる内臓年齢のようなものである。

「あなたの肌年齢を測ってみませんか？」と街なかやデパートの化粧品コーナーなどで声をかけられたことがある人も多いのではないか。

便利な世の中になったもので、最近ではスマホで自分の顔を撮影し、その写真で手軽に診断ができるアプリも多数開発されている。三分程度で結果が出る優れモノから、肌年齢だけでなくパーソナルカラー診断までできるお得なモノまで多種多様にある。ちょっと面白かったのが、自分の肌に一円玉を押し付け、その跡がどれぐらいで消えるかで診断するというもの。たまにこういうオカルト的なものもあるから美容の世界は実に面白い。

実際にいくつか試してみたが、結果に多少のばらつきは見られるものの、肌年齢は三十代後半という診断が多数を占めた。ふんふん、マイナス十歳か。こういう類のものは実年齢よりも高く表示されるとばかり思っていたので拍子抜けである。そうか、美容初心者なりに日々のスキンケアを頑張った結果のたまものであろう。

と、これだけでは我慢できないのが今の私なんである。スマホではなく、最新鋭の機器を使って診断を受けてみたいという衝動を抑えることができない。そうなると美容クリニックに足を運び、カウンセリングを受けるしか方法はない。美容クリニックか。きちんと下調べをしないと、強引なやり口で施術プランに勧誘されたり、法外な診療費を請求されるやもしれない。偏見が入り混じっているかもしれないが、用心するに越したことはない。妻と一緒にリサーチを重ね、信頼に足るクリニックをいくつかリストアップ。グーグルマップを使い、クリニックの外観なども探っていく地道な作業を夫婦で行う。

熟考の末、私が選んだのは、新宿にある大手のクリニック。皮膚科も併設しているので、保険治療も含めた総合的な判断をくだせるというのが決め手だった。

「しつこく勧誘されたら、家族に相談しないとおカネが……とでも言って逃げて来るんだよ」

という妻の優しい言葉を背に受けてクリニックへと向かう。

駅から徒歩すぐの場所にあるので、特に迷うことなく予約時間五分前に到着。別に何か手術をするわけではないのに、胸の鼓動が倍速で早くなる。四十歳ぐらいになると世の中の大抵のことに冷静に対処できるとばかり思っていたのに、なんとも情けないかぎりである。

覚悟を決めていざ受付へ向かう自動ドアを開ける。すると、私のようなおじさんを含め、若い人から年配の方から外国の方まで、多種多様な患者さんたちが待合室に顔を並べていた。よかった、私、浮いてないぞ。ホッと胸を撫で下ろして問診票の記入を済ませる。

本日担当してくれる女性カウンセラーが笑顔でほほえみかけてくれる。素敵だ。あなたにならちょっとぐらい騙されても大丈夫です。

肌年齢診断をするためには、まず洗顔をする必要があるとのことで、クリニック内に設置されている洗面台コーナーにてパシャパシャと顔を洗う。む、まさか盗撮なんかはされていないよなと警戒するが、人の洗顔の様子を盗み撮りしてなんの得があるというのか。見たければ好きなだけ見ればいい。見よ！　日々鍛え上げてきた私の洗顔を！　といったことを考えながら洗顔は終了。しかし用意されていた泡洗顔フォームはとても良い洗い心地だった。あれはどこのメーカーのものなんだろうか。あとでカウンセラーさんに聞いてみよう。


洗顔後は撮影室に移動する。今回使用するのは「ＶＩＳＩＡ」と呼ばれる最新の撮影機器である。非常に高い分析技術が搭載されており、シミ・シワ・毛穴・キメの状態を正確に知ることができるそうだ。肌の下に隠されたシミまで確認できるというのだから驚きだ。歯科医院でよくやるレントゲン装置に似た機械にちょこんと顎を乗せ、撮影はあっという間に終了。程なくして大きめのディスプレイに私の顔写真が映し出される。おお、これはちょっとした公開処刑だな。両目を閉じて撮影しているので、不謹慎だが自分のデスマスクに見えなくもない。

「ではまずシミから見ていきましょう」とカウンセラーの方が機械を操作すると、写真で確認できるシミの部分にわかりやすい蛍光色でマーキングがされていく。普段はそこまで気にならない部分も、いざチェックを付けられると恥ずかしい。老人シミになりそうな部分が多数見受けられるも、早急にシミ治療が必要な部分は見当たらないとのお言葉。シワに関しても目のまわりのシワぐらいしか問題となる部分はないそうだ。

　ただ、皮膚の下に隠されている紫外線によるシミ予備軍の量がえげつないぐらい多かった。ガラガラヘビのようなまだら模様のシミが自分の皮膚の下にこんなにあるなんて。紫外線の恐ろしさをマジマジと見せつけられた気分である。ホラー映画よりも自分の顔写真のほうがより一層ホラーである。

散々な有様ではないかと覚悟していた毛穴に関しても、鼻の周辺をのぞいてたいしたことはないとのこと。

「こうやってお見受けする範囲でも、お客様はかなりお綺麗な肌をしていると思いますよ。日々のお手入れをちゃんとしているからですね。素晴らしいです」と太鼓判を押してもらった瞬間、不意に涙がこぼれそうになった。顔と首を覆い尽くすほどのひどいニキビに悩まされていた中学、高校時代。もしかしたら治るかも？　と期待をするから余計につらくなる。こんな肌ではもう人並みの生活は送れまい。恋や結婚も諦めて、私は一人で孤独に生きていこう。己の未来に絶望することでなんとか日々を過ごしていたあのころの私に言ってやりたい。大人になってから……おじさんになってからだけど、お前は肌が綺麗だねって褒めてもらえるんだよって。

肌年齢診断を受けに来てよかった。今まで生きてきてよかった。

「では、お待ちかねの肌年齢なんですが……ジャジャン！　四十四歳です。おめでとうございます！」と言われて、椅子からズッコケそうになる。なんやねん、散々褒め散らかしてくれたのに年相応なんか～い！　という顔を私はしていたのだろう。表情を読み取ったカウンセラーが「この機械で中高年の男性がマイナス一歳の診断を受けるなんてすごいことなんですよ！」と説明をしてくれる。そうなのか、とても嬉しいのだけど、そういうのは先に言っといて欲しいものなんですよ。そして嬉しい機能として、自分の肌の未来予想図も見ることができる。画面に映し出されたスベスベ肌のお爺ちゃん。私はきっとこんなお爺ちゃんになってみせる。

今のところは特に処置が必要な部分はないとのことで、何かのコースに勧誘されることはなかった。これから注視しないといけないのはとにかく「保湿」なのだという。一に保湿、二に保湿、三四がなくて五に保湿。毛穴の状態をもっとよくするために、古い角質を除去するピーリングを勧められた。肌の状態を診断するだけではなく、今後のアドバイスまでいただけるなんて、肌年齢診断って素晴らしい。お手軽なアプリもいいけど、やっぱり面と向かったやり取りをした方が身になる。

クリニックの決まりにより診断結果を持ち帰ることができないのだが、「あなたの肌年齢は四十四歳」と表示された画面は写真を撮ってもいいらしい。嬉しいのでしばらくはスマホの待ち受けにしておこう。

ＶＩＳＩＡによる診断は三千〜五千円ぐらいで受けられる。この値段がリーズナブルなのかどうかは人によるだろうが、私に関しては値段以上の自信と喜びをいただきました。

クリニックを出たところで、診断結果を妻にＬＩＮＥで報告する。志望校に合格したことを親に報告する受験生のような晴れやかな気持ちである。

「おめでとう、でもここからがスタートだね、保湿頑張りましょう」と少したるんだ私の気持ちを引き締める返事が妻から届く。どの機械よりも妻の判定が一番厳しくて一番優しくて一番嬉しい。

というわけで、自信をもってここに記す。私の肌年齢は年相応です！

憧れのフェイススチーマーと美顔器を買ってみた

爆買いだ。爆買いしてやる。

手前味噌な話で恐縮だが、私の著書『クラスメイトの女子、全員好きでした』が読売テレビ制作、日本テレビ系列にてドラマ化された。思わずひとこと言いたくなるようなタイトルの本作をどう映像化するのかと心配していたら、主演の木村昴さん、及川桃利くん（学生時代の主人公役）ヒロイン役の新川優愛さんをはじめとしたキャスト陣、綾部真弥監督を筆頭とする制作陣の皆様の溢れる作品愛のおかげで、原作を超えるクオリティでの映像化となりました。私は本当に幸せな原作者です。

という感じに良い話風に書きましたが、ここからイヤらしい話になります。そう、そのドラマの原作使用料が振り込まれたわけでございます。

で、爆買いしようと思った次第なんである。何を？　もちろん美容グッズである。シートマスクや化粧水などのまとめ買いは当たり前として、少しお高いなと思って目をそらして来た高級美容グッズを買ってやろうと目論んでいる。そう、美容部員の皆様が必ず持っている必需品、フェイススチーマーと美顔器を狙っている。

簡単に説明すると、フェイススチーマーとは、あたたかいスチーム、すなわち蒸気を発生させるもの。スチームを顔に当てることで血行が促進されたり、熱によって毛穴を開き、スキンケアやクレンジング効果を高めたりする効果がある。

美顔器とは、エステサロンの施術などで使われているもので、顔に微弱の電流を流したり、イオンを浸透させたり、振動によって毛穴の汚れを落とすピーリング機能など、一台にさまざまなモードが搭載されているので、化粧品だけではカバーしきれない部分のケアに役立つ優れものである。

わかっていたことだが、ちらっと検索しただけでその種類はまさに千差万別。古本屋や中古CDショップで何時間もかけて掘り出し物を探すのも楽しいが、自分に合った美容グッズを探すのもまた同じぐらい楽しい。インターネットの比較サイト、MEGUMIさんの美容本や美容系ユーチューバーの方の動画を参考にした結果、次のものを購入することに決めた。

フェイススチーマーは、「ナノア」のフェイススチーマー。お値段は六九八〇円。美顔器に関しては「TBC」のアクアピールクリア、こちらは一万五千円也。そうなのである。爆買いしてやるぜと啖呵を切った割には……日和ってしまった。ウン十万するようなものはとてもじゃないが手を出せない。やっぱり手頃な価格のものから始めさせていただければと思います。二度と調子の良いことは言わないのでお許しください。

商品が無事に届き、さて実践というところで、なんと妻がニトリで四九九〇円で売っているフェイススチーマーを仕事帰りに買ってきてくれた。

「なんでも通販で済ませようとしない！　店頭に足を運んで自分の目で見てくるのが一番なんだからね」

妻の優しさが身に染みる。目の前にはフェイススチーマーが二つ。ちょっとちょっとスチーマーの二台持ちなんて……私、お金持ちみたいじゃないですかと悦に入る。ここは食べ比べならぬ使い比べといきましょう。

まずはナノアから。美容皮膚科医との共同開発により誕生したフェイススチーマーという謳い文句である。加湿器と同じようにまずは本体に取り付けられているタンクに水を注入する。精製水を使うほうがおすすめだが水道水でも問題はないらしい。コストを考えると水道水のほうが気楽に使えてよい。あとは電源を入れれば一分ぐらいでスチームが吹き出し始める。ナノアの製品はあたたかいスチームだけでなく、冷たいミストも吹き出す優れもの。まずは温スチームで肌をとろとろにする。ああ、美容とか関係なく普通に気持ち良い。心地のよい熱風を顔に浴びながら夢見心地になる私。クレンジングバームを使って開いた毛穴の汚れを取るもよし、洗顔後にシートマスクをした状態でスチームを浴びれば、美容成分をしっかりと浸透させることもできるのだ。

しかし気になる。貧乏性の私は、よく知らない電化製品を使うときは、電気代が気になってしまう。説明書の記載を見て計算してみたところ、十分間使って約三円、一回の使用時間の目安は十五分ぐらいなので、これはお財布にも優しいですね。そうとわかればガンガンいきたいところだが使い過ぎは肌を痛めるので要注意である。

むむ、この熱気が顔に当たる感覚、かってどこかで味わったことがある……そうだ、今から二十年以上前、実家の香川県のさぬきうどん屋で働いていたときだ。厨房で麺を茹でるとき、釜から立ち昇る熱風を顔に浴びながら頑張っていたっけな。就職が決まらぬまま大学を卒業し、あてどもなく戻ったふるさとで始めたうどん屋のバイト。居心地が悪いはずの地元にやけに馴染み、もうこのままうどん屋になってしまおうかなと思った二十代のころの記憶がスチーマーの向こうに蜃気楼のように浮き上がる。あれから二十年、自分なりによく頑張りました。たまには自分を褒めてやろう。

ちらりと隣の部屋を見ると、ニトリのスチーマーを浴びる妻の姿がある。おいおいおい、ナノアよりもすごい量の蒸気が吹き出しているじゃないか。ずるいぞ。私にも使わせてくれと、スチーマーの交換を進言する。

ホカホカスッキリしたところで次は美顔器を試してみる。一台十役みたいな十徳ナイフのような製品もあったのだが、初心者がそんなものを買っても宝の持ち腐れだと思い、三つのモードが搭載されたシンプルなものにした。美顔器の形はとても近未来的なものもあれば、電動バリカンのような形のものもあり、デザインの面でも楽しめる。

まずはピーリングモード、適量の水を顔にふりかけ、超音波振動で毛穴、皮脂、角質の汚れを取り除く。おお、確かに凄い振動だ。高橋名人の十六連打を顔に食らっているような感覚だ。顔との接着部分に取れた汚れが付着しており、その効果を実感できる。ずっと気にしている鼻のまわりの黒ずみをしっかり取り除く。

次はタイトニングモード、先程の超音波に加えてEMSという微量の電流を流して毛穴や肌のたるみを刺激していく。銭湯によくある電気風呂のビリビリは苦手なのだが、これぐらいのビリビリなら心地いい。

そして最後はモイスチュアライジングモード。果たしてライジングという言葉をつける意味があったのだろうか。中二病的なその名前が非常に好みである。シートマスクの上から美顔器を押し付けることで、美顔器の先から発生するプラスマイナスの二極イオンも併せて肌へ働きかけるモードだ。どこにもライジング要素がないように思えるが、それがいい。

スチーマーと同じく美顔器も使い過ぎは良くない。自分の肌に合っていないものを使うと、翌日に顔が赤く腫れることもあるらしい。事実、私の妻は美顔器との相性が悪いのでこういう類のものは全く使わない。

かねてから人生とは説明書のないプラモデルだと思ってきた。社会や親や先輩からこういう風に組み立てなさいという説明書を渡されるが、誰一人としてその通りに組み上げることができないから人生はおもしろい。岡本太郎の太陽の塔を彷彿とさせるいびつな形のものもあれば、部品が足りていないからこそ格好良いものもある。足りない部分は欠点にもなりうるし、その人だけの魅力にもなりうる。おじさんなりに数年間美容を続けてきて思う。自分の理想を一〇〇パーセント満たす容姿になれることが難しいとわかっていても、人は美容から逃れることができない。枯れていく自分の姿をありのままに見せる「美しく枯れる人生」も素敵だなと思うし、今までの自分はどちらかといえばそちら側の思考の人間だと思っていた。でも今は、これから来る老化や皮膚のたるみに少しでも抗ってみようと思っている。だって私という花はまだ大輪の花を咲かせていないのだから。そう、枯れるためにまず咲こう。美しく咲いて美しく枯れる花に私はなりたい。

結構深い！ご当地美容の楽しみ方

〝旅打ち〟が好きだ。

旅先にてパチンコ、競艇、競馬、麻雀などのギャンブルを楽しむことを旅打ちと呼ぶ。大阪の住之江競艇場のような聖地も各地に存在しており、そこを訪問するのも楽しい。知らない街の知らないパチンコ屋で知らない人と肩を並べて玉を打っているときの「俺、何やってんだろうな」というものがなしさと、自分は今この世のあらゆるしがらみから解き放たれて自由なのだという解放感が同居したあの感じ。あれは旅打ちでしか感じることのできないものである。

ありがたいことに、大阪や福岡といった東京から離れた都市でのトークイベントに呼んでいただける機会が年に数回ほどある。イベント終わりにご当地グルメに舌鼓を打ち、明くる日には有名な寺社仏閣を訪ね、空いた時間でギャンブルに精を出す。近所のパチンコ屋で三万負けて家に帰るのとはわけが違う、京都で五万負けて、新幹線に乗って東京に帰るときの後悔ったらクセになる。時速三百キロで走る後悔だ。

という具合に旅を楽しんできた私に、新しい趣味が加わった。それはご当地美容である。地域活性化プロジェクトの一環として、その土地に根付いた原材料を用いて作られる地方発のコスメというのが今さかんに開発されているのだ。

代表的なブランドでいえば、沖縄県の天然素材で開発された「ちゅらら」、金沢で長い歴史を重ねてきた酒蔵の米発酵技術を用いた化粧品「福光屋」なんてものがある。大自然が広がる北海道からも多くのブランドが誕生しているのだ。

大人気のものは通販を使って容易に手に入れることができるのだが、そういう流通にのっていないレアな化粧品は現地に行かないと見つけることができない。そんな逸品を探して旅先をめぐるのも楽しいし、原料となっているものの産地を見学するのも乙なもんである。その化粧品を、地域の人がどんな思いで作り上げたかというストーリーを探るのも面白い。

かなりライトなものでいえば、シートマスクの有名ブランド「ルルルン」は「旅するルルルン」というご当地マスクを多数販売している。京都なら舞妓肌マスク、私の故郷である香川県の小豆島ならオリーブマスク、栃木ならとちおとめの香りのマスクという具合である。これらは駅の売店でも販売しているので、お土産としても非常に重宝している。皆様もぜひ旅の楽しみの一環にでも加えていただければと思う。

旅先で五万負けて、ホテルにてご当地マスクをつけて傷ついた心と肌をいたわる。そんな旅をこれからも私は続けていきたいと思う。人生は一度きり、ギャンブルも美容も欲張って楽しませていただきます。

ホテルといえば、宿泊施設に設置しているアメニティーもあなどれない。昔はお気持ちだけのものが置いてあった気がするが、時代の流れからか、急な宿泊となった場合でも、安心してスキンケアができる設備が整っている。ビジネスホテルだと思って侮るなかれ。

事実私も、原稿に煮詰まったときは、一人になれる空間を求めて、近くのビジネスホテルに泊まって書き仕事をすることがたまにある。そんなときはホテルに備え付けのものに加えて、近場のコンビニで買えるいわゆるコンビニコスメを購入して楽しんでいる。地方コスメと同じくコンビニでしか買えない優れものの宝庫なのである。皆様もたまには目を留めてみて欲しい。

少々値は張るかもしれないが、シートマスクなど基礎化粧品がコンビニで普通に売られているのだ。美容がより身近で大切なものになった証拠であろう。妻とドラッグストアに一緒に買い物に行った際に、「それはお肌に合わないからやめときなよ」と言われて、目をつけた美容グッズを断念することがあるのだが、ビジネスホテルに宿泊するときは、そういうしがらみから解放され、自分の思うままに化粧品を買うことができるのも嬉しい。不徳に厳しい最近の皆様はこういう行為も許されない裏切りと考えるんでしょうか。もしそうだと言われたら、私はそんな世の中はまっぴらごめんです。

友達の家に泊まりに行くときも、シートマスクはどうしようとかスキンケアのことを普通に考えている自分に笑えてくる。夫婦喧嘩をしたときに「もう知らねえよ！」と家を飛び出すなんてこともたまにある。悪いのは全部私なのだが。「もう離婚だ！」と激昂しながらも、コンビニに立ち寄って化粧水と乳液が一緒になったお泊りパックを購入し、今夜の寝床に決めた漫画喫茶へと向かう冷静な私がいる。肌の調子を考える前に人生について考える必要があるかもしれないが。

いつか妻と離れてしまうことがあったとしても、美容という習慣は私の中に残り続けることだろう。それは妻が私に教えてくれたこと、妻が私を愛してくれた証拠である。いつか妻も言っていた。「私に確かに愛されたんだって記憶をあなたに残すのが私の仕事だと思っている」と。そうだな。君と別れても、セルフケアを、美容をやめることはないと思う。そんなことを考えていると急に寂しくなって家に帰りたくなる。さあ、シートマスクをして気持ちを落ち着けたら謝罪の電話を入れよう。たぶんＬＩＮＥはブロックされているだろうな。ああ、美容グッズと愛に溢れた我が家に帰りたい。

2024年大晦日の爪切男

音楽でも恋愛でも家族でも何でもいい。本当につらいときに心の支えとなるものはなるべくたくさんあった方がいい。支えがひとつしかないと、それが壊れてしまったときに人はなかなか立ち上がることができない。まして中年ともなると体力の低下も合わさって、それは如実に現れる。でもまさか、「美容」と「健康」がここまで自分の支えになるなんて思いもしなかった。しかもそれが一時の熱狂ではなく、日常生活に欠かせない平熱のレベルで……。

この二、三年、いろいろな美容法に手を出しては飽きることを繰り返してきた。自分が根っからの面倒臭がりであることは重々承知している。ゆえに、身の丈にあった美容を続けるように常に心懸けている。

顔を洗うのも面倒な朝は、洗顔をしなくてもこのシートマスクをするだけでOKという「サボリーノ」シリーズが最高だ。洗顔効果と保湿効果を兼ね備えたサッパリとシットリが同時に味わえる優れモノである。洗顔をするにしても洗顔ネットで泡立てるのが面倒なので、最初からきめ細かい泡が出るプッシュタイプの洗顔料を使い始めた。MEGUMIさんの美容本に書いてあるように、仕事机や台所など生活の導線上に美容グッズを配置するようにして、何もしない日がないように心がけている。最近購入したスチーマーや美顔器は特に重宝している。

だが、なんといっても一番の楽しみは、就寝前に妻と一緒にシートマスクをしながら、その日あったことをぺちゃくちゃと喋る時間だ。美容のためではなく、妻とゆっくり話したいがゆえに私はシートマスクをしているのかもしれない。マスクに関しては、いろいろと試した結果、鉄板の「ルルルン」シリーズの他にも、「バイユア」や「ナンバーズイン」といった新たなお気に入りができた。自分だけでなく妻が好きそうなマスクを買ってプレゼントするのも楽しい。大事な日の前に気合を入れる勝負マスクとしては、「ドクタープラント」の湯葉シートを愛用している。ツボクサのような薬草エキスが豊富に入っているものが私の肌には合うみたいだ。

化粧水に関しては、コレだ！　というものをいまだに見つけられていないが、最近は原点回帰で「豆乳イソフラボン化粧水」を使っている。すぐにカサカサ肌になってしまうので、保湿成分が強い化粧水のほうをたっぷりつけて寝ると翌日のお肌の調子がいい。

その他で続けていることといえば、意外や意外の〝鼻うがい〟である。加齢と共に免疫が落ちたせいか、花粉症の症状が出るようになったので、鼻の粘膜を綺麗に洗う鼻うがいは私には効果てきめんである。ただ、鼻うがいは人によって向き不向きもあるし、やり過ぎると粘膜を傷つける恐れもあるので気を付けた方がいい。

もはや私の体を流れる血液の代わりといってもいいルイボスティー。近頃はルイボスティー＆ノンカフェイン紅茶専門店「H＆F BELX」のものを愛飲している。味だけでなく種類の豊富さがいい。渋谷や吉祥寺にある実店舗に足を運んでは試飲をするのにハマっている。昔は試飲とか恥ずかしくてできなかったのに、今では堂々と飲めるようになった。同じく「カルディ」の珈琲の試飲も避けていたが、今では自分から近寄っていくぐらいになった。

で、肝心の体重なのだが、九〇キロ前半から後半を行ったり来たりしている停滞状態だ。運動を怠けているのがとにかくよくない。「チョコザップ」に通う頻度も落ちてきたし、やはり私は誰かに叱ってもらえないとやる気が出ない。家の近くのパーソナルジムに通うかどうか検討中である。

食事についても食器洗いと片付けはするものの、肝心の料理に関しては妻にまかせっきりになっている。大嫌いだったキノコ類はモグモグ食べられるようになったが、納豆に関しては全然食べられていない。食事の量は明らかに減ってはいるのだがなぜか痩せない。中年になると痩せにくくなるというのは本当だった。断食道場に通ってやろうかとも思ったが、健康に痩せないと意味がない気がして断念した。断食より滝行をして腑抜けた心を叩き直した方がいいんじゃないかと思っている。

あと、バーバーには足繁く通っている。最近ドラマ化された『クラスメイトの女子、全員好きでした』では、ドラマ絡みの取材や撮影現場訪問など人とふれあう機会が多かったのだが、そのたびにバーバーに足を運び、坊主頭、眉毛、髭を格好良く整えてもらった。店の雰囲気にまだ慣れておらず、担当の理容師さんとは全然親しく話せないのだが、いつも本当に助けられている。

近々の野望としては、メンズメイクに本格的に挑戦したいと企てている。今のところは百均ショップなどのお手軽グッズにしか手を出していないが、メイク教室に通ったり美容系ユーチューバーさんの動画を参考にセルフメイクの勉強を始めたい。妻やみんなにどんなに二重が似合わないと言われても私はやる。やるって言ったらやる。

そういえば、妻や友達との会話の内容もガラッと変わった。身体のココが痛いとか、どこそこの病院は腕がいいとか、おすすめの美容グッズの話やら、健康と生活に関する話がやけに増えた。昭和五四年生まれの私は、男は泣きごとを言わず強くあるべしといった昭和仕込みのスパルタ教育を受けて育った世代だが、今では肩肘張らずに、自分の体のことや弱音を他人様や医者に素直に話せるようになった。自分のことは自分にしかわからないというのはある意味正しいが、ある意味で間違っている。自分の近くにいてくれる人にしかわからないことだってたくさんあるのだ。

二〇二五年、私は四十六歳になる。これぐらいの歳になれば、何の執着も持たずに人生を悠々自適に生きていけるものだとばかり思っていたら、意外とそうでもなかった。ただ、コレがないと生きていけないという必需品は減ったように思う。タバコやお酒などがまさにそうで、あってもいいし、なくても別に平気ぐらいになった。これぐらいが真の嗜みってやつなのかもしれない。

もうひとつ自分の中で大きく変わったのは、常に自分の「最期」を意識するようになった。新しいことを始めようとすると億劫になるが、人生の「最期」をどういう風に過ごしたいかと考えると、そのためにアレもやらなきゃコレもやらなきゃとやる気が出るようになった。終わりを考えることはそんなに寂しいことではない。何かを始めることと同じぐらい綺麗に終わることが人生にとっては大事なのだ。

素晴らしいフィナーレを迎えるために、まだまだ体も動き、自分の心がけ次第でやり直しが効く四十代、五十代を大切に過ごさなければいけないと思う。

自分の初恋や初体験の思い出を心の支えにして生きてきたおじさんは、今、自分が最期のときを最愛の妻とどういう風に過ごそうか、そればかり考えている。それが一本の化粧水によって導かれた幸せな結末である。

MEGUMIさん、
おじさんでも
美容にハマっていいですか？

撮影：熊谷貫

美容と健康に目覚めた生活を
送り始めたころ、
一冊の本を美容のバイブルとして
手に取った。それが、
MEGUMIさんの
『キレイはこれで
つくれます』。
同じ瀬戸内出身
という縁もあり、
デビュー時から
ずっと応援し、
MEGUMIさんの存在に
救われてきたという著者が、
ついに美容の師である
MEGUMIさんとご対面。
前日に腹痛を起こすほど
緊張したという対談、スタートです。

今、男性からの美容相談がとても多いんです

爪切男（以下、爪）　今日は夢が叶いました。MEGUMIさんのことは、デビューされたころからずっと大好きなんです。美容と健康に関心をもち始めたころ、MEGUMIさんの美容本を何度も読み直して勉強しました。その感謝をぜひお伝えできたらと。本当にありがとうございました。

MEGUMI（以下、M）　光栄です。こちらこそ嬉しいです。本当に最近、30代、40代の男性の方から美容に関して、「どうにかしたいけど何から始めていいかわからないから教えて」と相談を受けることが多いんです。美容を通して女性はもちろん男性の方と深くコミュニケーションできるなんて想像さえしていなかったけど、めちゃくちゃ嬉しいというか、幸せだなと思います。

爪　男性の間で美容に対する関心が、かなり高まっているのを私も感じます。

M　ハンパじゃないです。20代以下の世代は当たり前ですね。爪さん世代のおじさまたちは、「美容なんて男はやらねえよ」みたいな感じで生きてきたと思うけど、ある程度きれいにしておかないと、これから先ヤバいかもって感じているようで。その葛藤がすごく見えます。私にはそれを相談しやすいのかもしれないです。

爪　面倒見がいい姉御肌で頼りになりますしね。

M　最初に、「どれぐらいやる気ある？」みたいにヒアリングして、「じゃまずはこれでOK。次にこれ」みたいにアドバイスする感じなんです。

爪　僕たち世代って「（他者から）何も言われなければ大丈夫」と過信してセルフケアを全くしない裸の王様で。自分もまさにそうでした。でも、MEGU

付箋だらけの『キレイはこれでつくれます』と『心に効く美容』。ともに著者の私物だ。

MIさんの美容本が60万部以上売れたり、メンズ美容が話題になったりと、我々おじさんも美容にもっと関心を持たないといけないんじゃないかと思うようになりました。

美容をやらない男性は「傲慢」です

爪　直球でお聞きします。「おじさんでも美容にハマっていいですか？」

M　やんないとダメです。年齢とともに清潔感はどうしても失われますし、美容をやらないことって、本当に厳しい言葉で言えばおじさんの「傲慢さ」だと思うんです。若い男性たちはキレイになって、かつ仕事も頑張ろうとしているのに。もはや、体調管理とかと同じくらいのことだと思いますし、「顔の掃除」みたいなものですよね。

また、いろんなことに対して柔軟に理解を示さなきゃいけない今の時代において、美容という、実は一番簡単に自分に手間がかけられて整えられることをやれば心も柔軟になるんです。「キレイになって嬉しい。じゃあ次は美容液を塗ってみようかな」と、ちょっとずつ柔らかい心になる。

爪　120キロぐらい体重があったころ、住んでいたアパートの近くの小学生たちに、「太っちょゴブリン」って呼ばれていたんです（笑）。

M　きつっ！　子供って残酷だから。

爪　「痩せろ」なんて誰も言ってくれなかったし、自分の作風にも合った見た目だからか「外見を気にせず、自分の好きなように生きている爪さんを見ていると元気が出ます！」みたいなファンからの肯定的な意見も多くて。その言葉に甘えて自堕落な生活を続けてきました。でもそれじゃダメなんだと、子供たちが気づかせてくれました。

M　そう受け止めたのが素晴らしいです。

爪　眉毛も髭も伸び放題、肌はカッサカサでボッロボロ、私の顔、とにかくひどいもんでした。それでその日のうちにドン・キホーテに行って、ワラにもすがる思いで化粧水を買ってみたのが、すべてのはじまりです。
M　素直！　でも爪さんのような方が美容を語ることは、たくさんの男性の指針になりそうですよね。まずドンキからでいいんです。男性のほうが美容をやってなかった分、やればやるだけすごく変わるから。その喜びを味わってもらいたい。

まずシートマスクから始めよ！

爪　美容に関心はあるけれど、何から始めていいかわからない「〝美容初心者おじさん〟向けのオススメ」があれば教えてください。
M　シートマスクです！　化粧水も塗らなくていいから、まずはとにかくシートマスクを貼ってくださいい。きちんと皮膚を潤すと3日で肌が変わってくるので。変化を実感できることが美容初心者男性には特に重要じゃないですか。
爪　実はMEGUMIさんがオススメしている「ルルルン」シリーズを僕も愛用しています。
M　ありがとうございます。
爪　シートマスクってひんやりとしてて、単純に気持ちいい。その日あった嫌なことがそれでリセットされるような不思議な感覚がクセになります。あと、シートマスクを付けるのって、自分が何かに変身するような錯覚も覚えるんです。プロレスや特撮ヒーローが大好きなので、タイガーマスクや仮面ライダーに変身するような感じでしょうか。最近はイラストの入ったものもありますね。
M　歌舞伎風のマスクとかもありますよね。そういうものも最初の導入にいいかも。
爪　シートマスクは簡単に始められるし、3日ぐらいで、すぐに効果を実感しました。体は変わらず太ってたんですけど、顔の肌だけつやつやした肌触りになってってビックリ。
M　つやが出てきて内側からふっくらしてる感じとか、生き生きしてる感じになるんですよね。
爪　肌が生まれ変わっていくのを日々感じました。肌といえば、僕は中学時代、顔と首のニキビが本当にひどくて。

M　思春期だとつらいですね。

爪　はい。でも運動神経だけは結構よくて、あるときバク転ができるようになったんですけど……。

M　すごいじゃないですか！

爪　嬉しくてクラスのみんなに見せようと思ったんですけど、すぐにやめました。自分みたいなニキビ面がバク転しても逆にいじめられるんじゃないかとか思って（笑）。ずっと自分の肌にコンプレックスがあったので、シートマスクで肌の調子が良くなるのが嬉しくて仕方なかったです。

M　肌の調子が悪いと人は行動を止めちゃうんです。それは子供も大人も一緒なんですよね。

爪　確かに。あと、美容には継続性やストイックさが大事だと説かれていますが、三日坊主よろしく数日は頑張れるんだけど、そこからの継続が〝美容初心者おじさん〟にはなかなか難しい。「継続する秘訣」みたいなものはありますか。

M　日々の生活導線上に美容グッズを置いておくのがおススメです。洗面所に限らず「ここに美容グッズがあれば絶対にやるぞ」という場所を作りましょう。リビングのど真ん中でもいいし、寝室やお風呂場でもいい。歯磨きって何も考えずに習慣としてやりますよね。それと同じように「無」でやるくらい生活の中に美容を当たり前に取り込んでいく環境づくりが継続の大きなポイントです。

あとはハードルを上げすぎないこと。マスクやって美容液もやって、次はあれ、と最初はスイッチが入ってるからやることを増やしちゃうんですけど、そこをあえてシートマスクだけにしておくんです。「3日後に変わった。じゃあ1週間、1ヶ月、1年続けているとどうなっちゃうんだろう」っていう想像を膨らませていただいて。1ヶ月たったらきっと「めっちゃ変わったね」って言われます。だからまず3日から1ヶ月の間の何日間が一番、宙ぶらりんな期間になると思うけど、そこさえ乗り超えれば大丈夫です。

爪　僕も洗面所だけでなく、仕事部屋にも美容グッズを置いています。
M　素晴らしい。
爪　あとは、飽きがこないようにシートマスクはいろんなものを買っています。「ルルルン」は、最近ドンキブランドでメンズのシートマスクも出てるんですよね。
M　すごい！　よくご存じで。
爪　「マツモトキヨシ」も自社ブランドのシートマスクを出してますよね。まだ見ぬマスクとの出会いが楽しくて楽しくて。
M　そうそう。爪さんみたいに美容を楽しくすることがいいですね。そうして楽しんでいると気がつくと自然に知識もついていきて「これがいいよ」みたいになってくる。それも楽しいんです。
爪　男ってコレクター気質が強い人も多いし、意外と美容に向いてるかもしれないですね。
M　確かに。そういうコレクション欲、たとえば漫画とかレコードとかもそうですよね。
爪　ＭＥＧＵＭＩさんの著書に書かれているとおり、とにかくいろんなものを試した上で「自分の良いものを選べばそれでＯＫ」なんですもんね。
M　そうなんです。結局、全員肌が違うから。私は私自身に合っているものを教えていますけど、それが全員に合うとは思ってなくて。何が自分に合うのかは試すしかない。情報だけでも違います。知って試してみるうちに「これ、好きなマスクだな」とか、時間はかかる作業だけどわかってくるんです。その上で、また「これ、新しいのきた！」みたいなものに出会うから飽きない。だから私も本で紹介したときよりも完全にアップデートして、今は全然違うことをやっています。いくら試しても、まだまだ先があるところも美容の楽しさだったりするんです。
爪　毎日の食事も美容と健康において重要だと思うんですが、食生活で気をつけるべきことは何かありますか。
M　フルーツを食べるのがいいと思います。ドクターとかいろんな専門家に聞いても果糖は素晴らしいそうで、フルーツを長年、毎日少しでも食べている

人ほど長寿になりやすいなど、いろいろなデータでも出ているそうです。

おじさんの切なさを女性は感じている

爪　僕自身は明らかに変わったと断言できますが、「40歳ぐらいの男性でも美容で人生が変わる」と思いますか？

M　もちろん！　その前提として知っておいてほしいのですが、35歳ぐらいからは男性でも体調の変化がすごくあります。更年期もあるけど、女性よりは話題にできないじゃないですか。「俺、更年期かも」って男同士はなかなか言えない。そういう事実をまず受け入れるところから始まったりもすると思うんです。男性って35歳ぐらいを境目に表情が切なくなる人がすごく増えるんです。仕事やお金や家族に心配事があるのか、体調が悪いけどどうしていいかわからないのか、とにかく、この切なさみたいなのものを実は女性ってめちゃくちゃ敏感に感じてるんで

すよ。
爪　全部バレてる（笑）、ドキッとします。
M　一見、肌はキレイでもどこかすごく寂しそうだなとか、不調がすごく表情から透け出ちゃう。恋愛とか性別とか関係なく、元気がみなぎっていて余裕がある人って話しやすくて人気があるじゃないですか。美容や運動って、そのモヤモヤとか将来の不安のようなネガティブなマインドを一瞬でも取り除いてくれます。その一瞬の積み重ねによって、自信とか余裕って言われる自己肯定感のようなものが作られていくと思うんです。
爪　この歳になると……めちゃくちゃ響きますね。
M　だから美容をやっていないと、今この人切ないのかなとか、大変なのかなとか、調子悪くないのに調子悪いんですかって言われたりすることもあります。私もよく言われていました。そのままだと人生がネガティブなほうに引っ張られそうですよね。何かしらセルフケアをしないと年齢を重ねると自然にメンタルが下がっちゃう。だからこそ美容をやって

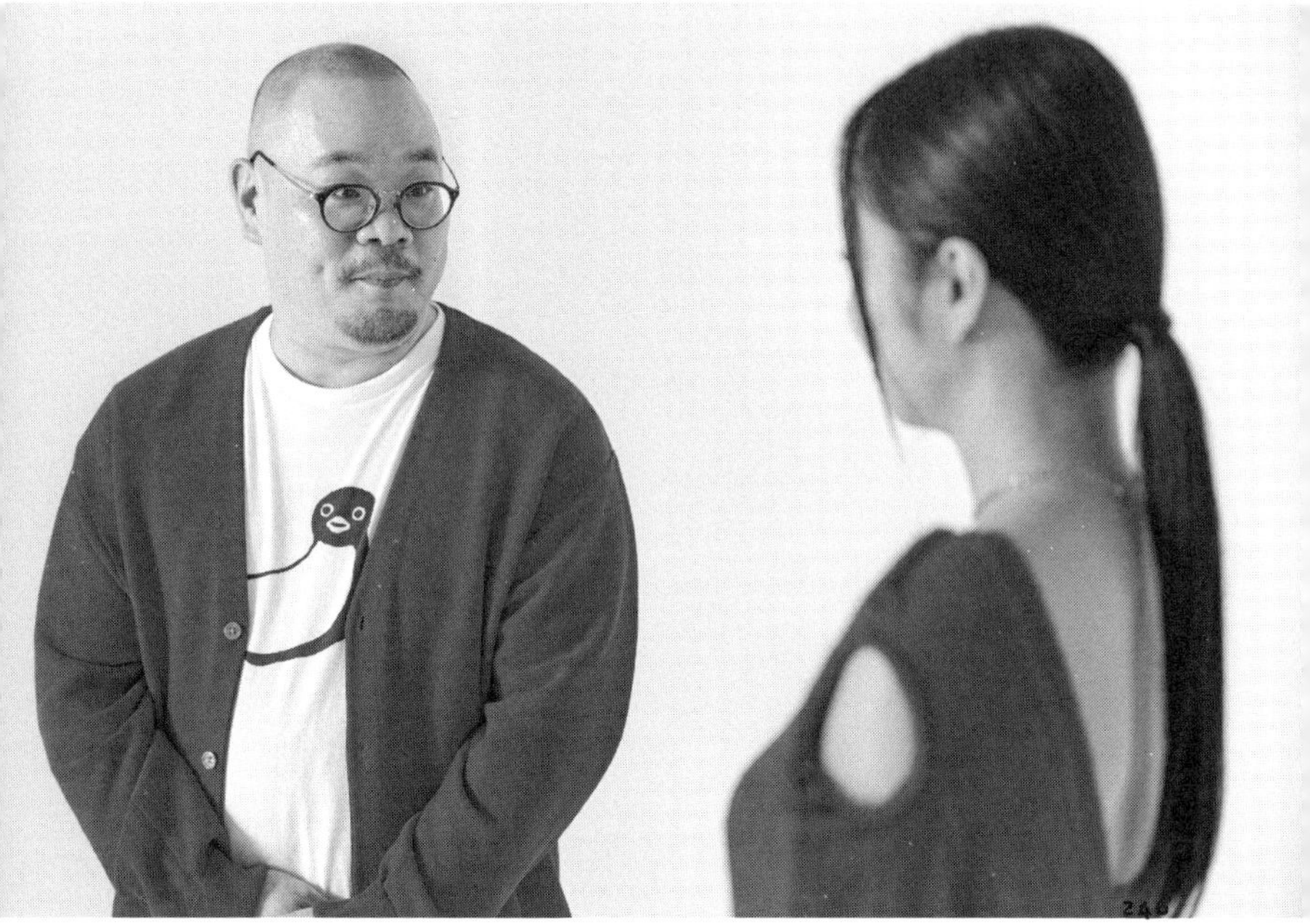

いくと、1回でボーンと上がることはないけど、積み重ねていくことによって人生が緩やかにポジティブなほうに上がってきます。ガーンと落ちることはないってことは、すごく思います。肌がキレイになるとどんな中年の方でも嬉しいって言います。体の末端から喜んでいる感じというか。ああいう感覚って他ではなかなか得られないものなので。

爪　MEGUMIさんは、若いときはそれほど美に関心がなかったと著書に書かれてましたね。

M　そう、グラビア時代含め、本当に何にもやってなかった。

爪　歳を重ね、美に関心を持って生活をしていく中で、外見などたくさん変わったことはあると思うんですけど、その中でも一番、自分の中で変わったなと思うところはなんですか？

M　やはりマインドです。

爪　先ほどから何度も出ている「心の持ち方」。

M　はい。美容をやると美容のことはもちろん、メンタルケアのことや、運動のことも知りたくなってきます。自分の中では「心と体と美容と」をテーマに掘り下げてもう15年以上になるんですけど、ようやく自分の取り扱い方がわかるようになりました。誰かの死とか別れとか究極の悲しみも経験するけど、そのときの処方箋を自分で与えられるようになるというか。悲しい気持ちに滞在する時間が圧倒的に減りました。昔は鬱々と悩んでいたし、ヒステリックだったんですが、自分の心に手綱が引けるようになると楽になります。そんな気持ちに執着している時間を減らして、自分のやりたいことをやるほうが人生って有意義ですよね。

爪　僕も身も心も大きく変わったと思います。今の生活が一番楽しいですね。たとえば、自分の容姿に自信がないから眼鏡屋さんに行くのがとにかく苦手で。試着するときに店員さんが近寄ってくるじゃないですか。自分を近くで観察されているような気分になって、とにかく恥ずかしくて……。でも、今はひとりで眼鏡も服も買いに行けるようになりました。

M　大きな変化ですね。でも今の爪さん、すごく清潔感があります。それって大事なことです。

爪　長く付き合いのある人たちも僕の変化を驚いています。たくさん褒めてもらえるけど調子に乗らず謙虚に美容を続けたいですね。

M　素晴らしい。努力のたまものです。

爪　実は最近、ちょっとおしゃれなバーバーにも行ってます。一昨日もそこで坊主頭と髭を整えてもらいました。あと「カルディ」や「無印良品」とかにも堂々と行けるようになりました。一生縁がないと思っていた場所なのに。

M　めちゃくちゃ人生、変わってますよ！　それほど人を避けて生きてきた方が変わったのって素晴らしい。

爪　やっぱり美容で人生変わってますね（笑）

「MEGUMI式ライフスタイル」で人生変わった

M　私もめちゃくちゃ容姿にコンプレックスがありました。芸能界っていう、きれいな人ばかりの中でめちゃくちゃデブで。「グラビアだからぽっちゃりでもいいけど痩せなさい」と事務所の方に散々言われていて。20代後半には肌荒れもひどくて、ビジュアルきっかけで精神的にもどん底まで落ちた体験をしました。だから本を作ったんです。とにかく人生を変えてくださいっていうか、自分で自分の責任取ってくださいみたいな話を伝えたかったから。そこを汲み取ってくださって、実行してくださって、なおかつ人生が変わったとおっしゃってくださるのは本当に生きていて良かったレベルの感動で震える出来事です。

本も売れるとは思ってなかった。すべて自前で自宅にある使用中の化粧品とかも持っていって撮影するような本当に手作り感のある本だったので。もともとは30代、40代のママさんとか、キャリアウーマンの方たちにニッチにお届けする本かなと思っていて、「1万部売れたらいいね」みたいなテンションだったんです。

ある意味、その本が似たような境遇の男性作家である爪さんのような、自分が想像さえしてない層の方に響いたのがものすごくエモいんです。

女性でも80代ぐらいの方が「シートマスクやってます」と街で声をかけてくれたり、畑仕事もやっていらっしゃる、行きつけのおにぎり屋さんから「シートマスクやってみたらすごい変わったから美容液も塗り始めたの」とかめちゃくちゃキラキラした笑顔で言われたり。「シートマスクやって変わりました」「就職し直しました」「彼氏と結婚しました」とか、人生のかなり大きな出来事に関わってる感想も多くて、共鳴感がすごかった。それは今までの芸能生活にはなかった体験です。

爪　心から納得です。MEGUMIさんほどではないですが、連載やSNSで美容にハマっていることを公言していたら、イベントで「爪さんがやっているのでシートマスク買いました」とファンの方に言われたり、美容トークに花を咲かせたりすることも。共鳴じゃないですけど、こういう繋がりは素敵だなって思います。

M　そう。一緒に頑張ろう感みたいなのが。

爪　無類の「シーチキン」好きを公言していたので、昔はイベントの差し入れがツナ缶ばっかりでした。最近では「このマスク使ってください」とか、美容グッズをもらうことも増えました。美容と「MEGUMI式ライフスタイル」にハマってから、人生が一気に面白くなりました。

M　「MEGUMI式」（笑）。ありがとうございます。本当に光栄でございます。

爪　今度お会いするときまでに、もっとイケてる可愛いおじさんになれるように頑張ります！

MEGUMI　1981年生まれ。岡山県出身。雑誌やテレビ番組、多くのドラマ・映画に出演し、2020年2月に映画『台風家族』『ひとよ』で「第62回ブルーリボン賞」助演女優賞を受賞。人生のテーマは「女性であることを最大限に経験し、それを伝え、世の中の女性をしあわせにする」。現在は個人事務所や金沢のカフェ「たもん」の経営も行い、俳優・タレント業の他、映像プロデューサー、事業家としても活躍中。『キレイはこれでつくれます』（ダイヤモンド社）『心に効く美容』（講談社）など著者累計60万部超えの大ヒット。

あとがき

不安である。
美容と健康に良い生活を心がけ
物書きという仕事を運良く続け
一生縁がないと諦めていた結婚までした。
端的に言って〝幸せ〟である。
だからこそ、変わっていく自分が不安でもある。
起き抜けの肌がどれだけツヤツヤでプルプルしていても
自分で焼いた卵焼きがほっぺたが落ちるほどに美味しくても
妻と近所の公園に散歩に出かけ、くだらないことで一緒に大笑いしても
本当にこれでいいんだろうかという不安が常につきまとう。

失恋、借金、喧嘩、挫折、嘘、裏切り、別れ。

どんなにつらいことがあっても、それを文章を書くための原動力に昇華してやってきた。

今のまんまの人生は決して最高じゃないけど、一生このまんまってのも悪くない人生だ。

周囲の人に求められるまま、もしくは求められていると勘違いしたまま、小さな器を大きく
広げて無頼派をきどっていた。言い換えれば、ゆるやかな線を描くような長期的な自殺願望

とも言える毎日だったと思う。

そんな私が四十代にして美容と健康の大切さを知り
自分自身で己の心と体を労わるセルフケアを学び
自信をもって人の顔を見て話をできるようになり
つらい時は素直につらいと、妻や友人にだけは伝えられるようになった。
私は今、やっぱり幸せだ。
でも幸せになればなるほど面白い文章を書けなくなるような不安がある。
大好きな妻や友ともいずれ別れるさだめが待っていることが怖くて泣いてしまう夜もある。
そうか、人は幸せになればなるほど同じだけの不安を抱えて生きていくしかないんだな。
だから自分で自分を大切にして、自分を好きになる必要があるのだ。
今夜も消えない不安に化粧水を沁み込ませ、私はこれからも前を向いて生きていく。

才能がないのに文章を書き続けたいと願う。

おじさんなのに美容と健康を大切にし続けたいと願う。

自分には向いてないなと思いつつも、妻との結婚生活を続けたいと願う。

どうやら私は「何かを続ける」ということは割と得意なようだ。

美容や健康じゃなくてもいい。この本を読んだ人が「私も何かを続けてみよう」「もっと自分を大切にしよう」と思ってくれたら、こんなに嬉しいことはありません。

妻からの手紙

実はわたし、爪と同じくらい太っている。

この本を読んだ方は、わたしはとても健康的で痩せていると想像をしてらっしゃるかもしれないが、生まれてからずっと立派な肥満体型で健康診断にも引っ掛かりまくりである。

「痩せたら可愛いのに」と何度言われて来ただろう。それに対して苦笑いでしか返せなかった時期も長い。

痩せろ痩せろと言われ続け、痩せたい痩せたいと願っていても丸々としている自分に辟易しているというのに、爪に対して「ああしたらこうしたら」と言っていいものなのか、かなりの葛藤があった。

しかし、家からコンビニまでの平坦な道を歩きながら電話をしてくるだけでブルドッグのような息切れを起こしているのは見過ごせなかったし、すべてをさらけ出しているふりをしつつ、有無を言わせないように威圧的な個性派に逃げ込んでいる姿は、昔の自分を見ているようでいたたまれなかったのだ。

地下鉄が苦手な爪がバスを乗り継いでわたしの部屋に来るようになり、甘い甘いジュースが冷蔵庫に鎮座するようになった頃、ルイボスティーを差し出した。一緒に卵焼きを作ってみた。お弁当を持たせてみた。爪は何も言わずにそれを口にした。

わたしの部屋に泊まることが増えた頃、化粧水を振りかけ、シートマスクの装着を促した。

そのうちに、冷蔵庫には煮出したルイボスティーが常備され、おにぎりと卵焼き、ウィンナーをぎっちぎちに詰めたお弁当を自ら作りはじめ、にんじんサラダもピーマンの塩昆布炒めも、麦入りご飯と一緒にモリモリ食べるようになった。

無頓着を装ってきた男は、どんどんどんどん気づいていった。

お茶にもジュースと同じくらいの種類がある、野菜を食べるとおなかの調子が良い、締め付けのない服で眠ると悪夢を見ない、似合っている服を着ているとほめてくれる人がいてなんだか嬉しい、肌がきれいで眉毛が整っていると清潔感が出る、二重は似合わないけど面白い。

「そんなことも知らないのか!」と言いたくなることばかりだったが、「そんなことも知らないのか!」と言っても、爪は「知らんかったわ〜」とのほほんとしていたし、同じくらい太っているわたしのアドバイスに「お前が言うなよ」とは絶対に言わなかった。わたしへの興味が薄いだけか、変わりゆく自分に夢中だったのかは定かではない。

伸びしろしかない爪に嫉妬すら覚えるようになった頃、わたしたちは結婚した。

二〇二五年、爪は四十六歳、わたしは四十五歳になる。

今が未来につながっているということをついつい忘れてしまい、「いまさら」という単語が頭をかすめることも多くなった。しかし爪は四苦八苦しながらも、出会った頃より明らかにツヤツヤしていて、わたしはそのことに大いに励まされている。そして、決してわたしを否定しない爪に、いまさら痩せてもいいし、いまさら痩せなくてもいいという選択肢を与えてもらったように思う。どうもありがとう。でもやっぱり、いまさら痩せてみたいので頑張ってみようかな。

爪よ。「愛されていたという証拠をたくさん残してあげたい」そう思ってわたしはあなたと結婚しました。その上での離婚ならしてもいいと思えたからです。

シートマスクの習慣や、カメラロールにたくさん残った手作り弁当の写真、洗いたてのタオルケットの香りと肌触りの記憶は、必ずあなたの力になると信じています。

午前三時の化粧水のその先に、わたしがいてもいいし、いなくてもいいけれど、なるべくなら、長く近くであなたのお肌の調子を眺めていたいし、もっと納豆ご飯も食べてほしいです。

初出
集英社ウェブメディア「よみタイ」の連載
「午前三時の化粧水」（２０２２年７月～２０２４年８月）から
セレクトと大幅に加筆修正し、書き下ろしを加えたものです。

爪切男

つめ・きりお

1979年生まれ、香川県出身。
2018年、のちにドラマ化される
『死にたい夜にかぎって』（扶桑社）でデビュー。
2021年、『もはや僕は人間じゃない』（中央公論新社）、
『働きアリに花束を』（扶桑社）、
『クラスメイトの女子、全員好きでした』（集英社）を
3か月連続刊行し話題に。
『クラスメイトの女子、全員好きでした』は
2024年7月、木村昴主演で連続ドラマ化。

校正　鷗来堂
編集　宮崎幸二（集英社）

午《ご》前《ぜん》三《さん》時《じ》の化《け》粧《しょう》水《すい》

２０２５年３月31日　第１刷発行

著　者　爪切男《つめきりお》

発行者　樋口尚也

発行所　株式会社　集英社

〒１０１－８０５０ 東京都千代田区一ツ橋２－５－10

電話　編集部　０３－３２３０－６１４３

読者係　０３－３２３０－６０８０

販売部　０３－３２３０－６３９３（書店専用）

印刷所　ＴＯＰＰＡＮ株式会社

製本所　加藤製本株式会社

ISBN978-4-08-788109-7　C0095